师母

汤建驰 著

开明出版社

图书在版编目(CIP)数据

师母/汤建驰著. --北京：开明出版社，2024.4
ISBN 978-7-5131-8575-2

Ⅰ.①师… Ⅱ.①汤… Ⅲ.①郑银凤-传记 Ⅳ.①K825.46

中国国家版本馆 CIP 数据核字(2023)第 220972 号

责任编辑：卓玥

书　名：	师母
出版人：	陈滨滨
作　者：	汤建驰
出　版：	开明出版社(北京市海淀区西三环北路 25 号　邮编 100089)
印　刷：	保定市中画美凯印刷有限公司
开　本：	880mm×1230mm　1/32
印　张：	9.75
字　数：	187 千字
版　次：	2024 年 4 月第 1 版
印　次：	2024 年 4 月第 1 次印刷
定　价：	45.00 元

印刷、装订质量问题，出版社负责调换货　联系电话：(010)88817647

序

断断续续花了近四年时间，汤建驰君如释重负，终于完成了《师母》的写作。而我则先睹为快，成为这本书的第一个读者。

我和汤建驰在湖洲日报共事多年，还因住所邻近，在职期间和退休以后，三十余年交往不断，近日，他携来书稿，让我为这本书写一篇序。我自觉老态龙钟，力不从心，因契友重托，加上对汤校长、汤师母的多年了解，便勉力而为。

1984年，汤有祥感于众多中考落榜生及家长诉求，创办了新中国第一所私立高中。他在审批、筹资、建校、聘师、招生等许多方面遭遇到的困难，局外人是无法理解和难以想象的。湖州日报作为党和人民的喉舌率先作了报道予以舆论支持。我也曾数次赴安吉，采访汤校长和他的夫人郑银凤，还有被聘的杭州籍退休老师。为此，我和上墅私中也结下了深厚的情谊。

汤建驰是湖州日报高级记者，他的新闻作品多次获全省和全国地市级报纸奖项。凭他的能力，撰写一本人物传记应该不会有太大困难。事实却不是我想象的那样。写传记不同于写新闻，首先必须掌握大量的素材。俗话说，巧妇难为无米之炊。为此只有经过无数次的采访才能获得。汤建驰是一个严谨务实的记者，多年的新闻实践，养成了凡事要打破砂锅问到底的工作作风。正因如此，他不知多少次开车，一路劳顿，从湖州出发去往安吉，反反复复采访书中主人郑银凤和汤有祥校长及相关知情人。有时还得去有关现场，身临其境体验感受。《师母》全部素材，就是这样在一次又一次采访中积累的。不错，无中不能生有，有了丰富的食材，才能烹饪出一桌丰盛的大餐。

《师母》以生动感人的故事，记述了郑银凤这位出生于贫困农家的女孩，怎样成长为邮电所的掌门人，成为汤有祥艰苦办学的贤内助、好帮手、总管家，赢得全校师生、教职员工的尊敬，以至于被所有人尊称为"汤师母"的。她十四岁就跨进上墅乡邮电所大门，从一个普通员工到担任所长，在社会大课堂里学会做人的道理和谋生的本领。1984年开始，郑银凤一边兢兢业业做好本职工作，一边为汤有祥创办上墅私立高中和后来的宇翔职业技术学院出谋划策，劳心费力，真所谓：丈夫若有千斤担，为妻分挑五百斤。二十世纪八十年代，私人办学闻所未闻，一个个困难，一道道门槛必须去面对，必须去跨越。像筹措资金、征用土地、内务外交、矛盾纠纷、学生安全、教师生活等，许多棘手的难事急事，汤校长往往无法顾及，只能让郑银凤出面解决。汤建驰坚持用事实说话，用丰富感人的事例，把夫妻二人志同道合同舟共济，艰苦办学助人为乐的动人场景，一幕幕展示在读者面前，娓娓道来，引人入胜。

人物传记都是按照时间顺序展开的，题材上难免会出现某些方面的重复。山重水复，柳暗花明，不同的事例却把读者引入佳境。作者的着力点在于内容的真实性，很少有合理想象与描述，相对于文学性，后面的章节就欠缺了些。我和作者交流时，他也有此感受。然瑕不掩瑜，真实就是美。法国诗人布瓦洛这样说："只有真才美，只有真才可爱。"作者的辛勤付出终于有了结果。《师母》感动着我，相信也能感动读过这本书的其他读者。

上墅私中从一株弱小的幼苗，被一届届园丁们辛勤的汗水，培育成枝繁叶茂的参天大树。这里更须感谢历届各级党政领导和民进组织及各界人士的关怀和支持。

斗转星移，光阴荏苒，2024年，上墅私中将迎来四十周年华诞，我以为《师母》是献给上墅私中四十年生日最好的礼物。我和作者怀着同样的心情,衷心祝福上墅私中、宇翔职院,春华秋实,桃李满园,为国家建设、社会发展培养更多俊彦人才。

谨为序

章启茂于湖州寓所

2023 年 11 月

目录

第一章 山村雏凤 001

第二章 邮政新员 015

第三章 比翼双飞 031

第四章 辅助办学 057

第五章 风雨同舟 103

第六章 百管部长 131

第七章 智心慧行 157

第八章 呕心沥血 193

第九章 病中情愫 235

第十章 青山依旧 271

第一章 山村雏凤

（一九四八——一九六一）

第一章 山村雏凤

1948年，盛夏，鸟儿躲藏在山野的绿树丛中纳凉，破土不久的知了也开始了此起彼伏的鸣叫。一条弯弯曲曲的盘山古道通向安吉章村镇高山村半山腰（现为牛油塘自然村），高山村平均海拔500米以上，二十来户村民的茅屋依山势而建，坐落在半山腰上，被密密丛丛的翠竹和绿树遮掩，或隐或现，宁

半山村今貌

静而神秘。

村民郑明金一家的茅屋位于半山腰最高的上半山,往上爬30多米就是山顶,站在山顶俯瞰,朝东南山脚便是章里村和茅山,西北边就是杭垓唐舒岭、水昌岩。

6月26日(农历5月20日),彤云密布,山雨欲来,50岁的郑明金正在山上忙着压番薯条。突然,他16岁的二女儿冬花急冲冲地奔来:"爸爸你赶快回家,姆妈要生(小孩)了!"

郑明金听罢,扛起锄头就大步流星和女儿奔回家中。

常说,女人分娩好比是鬼门关上走一圈,然而对躺在床上正在待产的李桂香来说,此番是她第十个孩子的降临,分娩的疼痛已算不上什么,没有接生婆也没事,只希望丈夫在她身边。

郑明金跨进家门不到半个时辰,屋外风雨大作,茅草棚里传出了婴儿的啼哭声。为妻子接生,郑明金不是第一次了,他熟练地将剪刀在柴火中烧了一会儿,剪断了婴儿的脐带。他告诉妻子:"生的是一个丫头。"

郑明金和李桂香在高山村举目无亲,全家是从仙居县白塔镇高迁村迁徙而来。老家高迁村是一个千年的古村落,本是宜居之地,夫妇俩缘何离乡背井来安吉定居?

仙居海陆交通便捷,明清两朝云集了巨商富贾,海上有海盗横行,人烟稀少的山林常有土匪出没。清末民初,有不少仙居人为逃离土匪的骚扰,迁徙到异地生活。到安吉高山村、章村等村生活的仙居人不少,他们大多以开垦荒山种植番薯、玉米等杂粮维持生计。

在仙居,郑明金一家也遭遇过土匪的惊魂抢掠。为了寻觅一块安居之地,抗战前夕,郑明金携妻带子追随先人的脚步,来到安吉,选择了位于半山腰的半山村。半山村分为下半山和上半山,上半山到山顶只有 30 多米,和下半山距离 500 米,上下走的是弯弯曲曲的盘山古道,下半山有十多户人家,郑明金决定在上半山搭建茅屋定居下来。上半山只有三户人家,郑明金一家三间茅屋居中,左右各有一家。上半山距离最近的章里村有 2.5 公里,到章里村要走的是崎岖不平的下山路,这里虽然偏僻一些,但是一块宁静之地。

郑银凤出生故居遗址

郑明金性格内向寡言少语，耿直老实，但处事精明；李桂香外向直率，气度豁达，但为人善良。夫妇俩都很勤劳，不向困苦的生活低头。郑明金在山上垦荒种植玉米、黄豆、红豆、蔬菜等，李桂香在家喂猪、养鸡鸭，操持家务，靠勤劳持家攒出来的积蓄，还在山下的章里村买了三亩田种稻谷，夫妇俩一内一外，把家里的生活安排得有条有理，虽然没有大鱼大肉，但也饿不着大人小孩，生活还算过得过去。李桂香已育了十胎，其中四胎先后夭折，膝下还有两子三女。大女儿郑春花18岁，已经出嫁了，家里还有16岁的二女儿郑冬花、12岁的长子郑相根、9岁的三女儿郑银花、7岁的二儿子郑文梅。如今家里又多添了一个女儿，多了一张吃饭的口，但夫妇俩只是为将来着想，让儿女在举目无亲的异乡之间多一个照应。为了图个吉利，夫妇俩将第十个降生的女儿取名为银凤，希望将来这孩子可以飞出这山沟沟。

大姐、二姐都已长大成人，小银凤和最小的二哥文梅相差也有7岁，她打小就聪慧伶俐。在安吉的深山坳里，山里的孩子没有什么娱乐，和小银凤相伴最多的是二哥。新中国成立初期物质匮乏，常常为了一个鸡蛋，哥妹俩相互争夺，最后当然哥哥先作了让步。最让银凤感到温馨的是，冬日农闲时，茅屋外山风呼啸，竹林被白雪覆盖，她和哥哥姐姐们一起，围坐在火坑边，一边享受着红红的火苗带来的温暖，一边听着父亲从别人口里记下来的《三国演义》和《水浒传》等书籍里的经典故事,这时候的小银凤常常沉浸在故事的情节里,明亮的双眼出神地望着扑闪扑闪的火苗,为"桃园三结义"中三人为实现美好理想同舟共济而感动,为"三顾茅庐"传递的真心诚意而流泪,为"武松打虎"临危不惧的精神而喝彩,为"鲁智深倒拔杨柳"制服众泼皮的胆略而开怀大笑……故事里的人物形象和真善美深深地烙在银凤幼小的心里。

半山所处的高山和清明山、平头山等连在一起,不远处是龙王山。这里山岭起伏、层峦叠嶂、悬崖峰岩、山涧瀑布……山高林深之中,还流传"龙生九子"等民间传说。

春暖花开,漫山遍野,野花簇簇;金秋时节,霜染树叶,群山斑斓。在美色如画的山村,小银凤和邻居的两位差不多大的小孩就漫山遍野地撒欢。

春天,如火如荼的映山红夹杂在山坡的草木竹林中,那花好看又能吃,酸酸的味道,银凤和小伙伴们边玩边摘着吃。银凤还常常采摘一大束映山红捧回家,插在陶罐里,嘴馋时可以摘一朵解馋,虽然想吃,但也舍不得多吃,觉得插在那里也很好看。

半山村的夏天不像平原那么炎热,尤其是早晚。银凤家门口有一个溪潭,很浅很小,清澈见底,家里的生活用水,全靠这潭水。在山上很少见到水,银凤他们常常在溪潭边玩,玩渴了,捧一口水,甜甜的。

秋天,山上长满了小山楂、火棘、刺莓、野板栗等等,山

上的孩子从没有吃过像样的水果,这些野果是银凤难于忘却的味道。

大自然就这样慷慨地馈赠给了小银凤从物质到精神上的享受!

半山再好,但银凤不知道山外的世界,她常常爬到山顶,好奇地俯瞰山那边的水昌岩,能看到章里村和茅山,心想:"什么时候下山到那边去看看?"

大姐春花到上学的年龄家里实在没有钱,所以一直没有上学。之后李桂香常对丈夫说:"春花已经和我们一样没有文化了,下面的孩子,家里再困难,也不要让他们不识字。"夫妇俩抱定宗旨,省吃俭用也要让孩子上学,万一上不了中学,小学是必须要读的,女孩子也不例外。

等到银凤8岁上学的时候,大哥相根就要高中毕业了;二姐冬花小学毕业后参加工作,还自学考取了嘉兴农学院(1960年),成为家里唯一的大专生;二哥文梅后来就读中专;此时的三姐银花也小学毕业了。一户普通的山民,能供这么多孩子上学,其中有一位大专,两位高中、中专学历,在五六十年代,郑家对读书重视的程度,在偏僻山村尤为少见。

那时山里的孩子上学很困难,好在哥哥姐姐上小学时,高山村还有一所一年级到四年级的初小复式班,到了银凤上学的时候,高山村的初小不知道什么原因撤了。郑明金考虑到银凤读书要下山去章里村的初小上学,每天下山上山来回要走十多

第一章 山村雏凤

华里路,如碰上刮风下雨,这陡峭崎岖的山路,太难为孩子了。所以在银凤上学之前,郑明金下狠心在章里村靠近村校的附近买了一块五分大小的地,盖了三间瓦房,全家从山上搬到了章里村,这也是9岁的银凤第一次下山。

章里村距离章村只有七华里,章村青山绿水,风景秀美,如今被誉为"黄浦江源第一镇"。章里村和章村一样,青山环绕,黄浦江源头蜿蜒而下的南溪河穿村而过,河床宽阔,水量充沛。郑明金造的平房面对南溪河,银凤要上学的村小学近在咫尺。

银凤第一次从山上来到了山下,从茅屋住进了瓦房,第一次看到了宽阔清澈的南溪河,心里别提多高兴了,让她更高兴的是她可以上学了,在这里有更多的小伙伴可以一起玩耍。进校的第

小学教室遗址

师母

一天，母亲将她收拾得干干净净，送到村上的初小复式班。

村里的初小建在小山坡上，面朝南溪河。学校很小，总共只有一个教室、两位教师。从一年级到四年级，70多名学生挤在一个教室里上课，这是中国二十世纪五十年代到七十年代中期农村典型的复式班小学。两位教师分别教语文和算术，兼教体育和美术。村上的孩子如果初小毕业了，要上高小必须要到七华里外的章村就学。

村里的章根凤比郑银凤大三岁，每日上下学，银凤和根凤相伴来回。

就在进校后不久的一天，放学回家后李桂香发现银凤没有了往常的欢笑，摸了一下银凤的额头，发现额头好烫，便让银凤躺下。银凤自觉没了精神，迷迷糊糊地睡了过去。第二天早上，桂香发现银凤的高烧没有退去，便到学校请了假。

孩子发烧，在李桂香和郑明金看来，只是小病。夫妇俩生了十个孩子，小孩头疼脑热是平常事，再加上家里没有钱看病，都让小孩自己扛着，小银凤也不例外。银凤一直迷迷糊糊地睡着，偶尔醒来喝一点母亲端上的米汤。这样一直熬了九天，高烧才退去。

读书对小银凤来说是一件快乐的事，她对数字很敏感，上算术时，老师在课堂上一点就通。在一个年级近20位的学生中，银凤的成绩常常名列前茅，其中算术成绩总是第一名。

姐妹四个都有一副好嗓子。大姐春花回娘家，边纳鞋底边哼着歌,大姐没文化只能哼歌,歌词唱什么银凤也不知道。

二姐冬花已在嘉兴农校上了大专,假期回家,也常常吟唱《十八相送》《送凤冠》等越剧经典唱段。

三姐银花会唱《北风吹》《南泥湾》《歌唱祖国》等好多民歌。

在小银凤眼里,三个姐姐都唱得很好听。不管哪个姐姐在唱,她都偷偷地学。

有一次,二姐冬花放假回家,耳旁响起了一个稚嫩的声音:

"我家有个小九妹,聪明伶俐人钦佩,描龙绣凤称能手,琴棋书画件件会……"

"嗨!你这小家伙,怎么也会唱?"银凤和二姐相差16岁,在二姐眼里这个小妹很小。

"我跟你学的!"

"你这个小机灵,唱得也蛮好啊!"冬花鼓励小妹。

大哥相根比银凤大12岁,18岁高中毕业后参了军,21岁就复员到县电影放映队工作。相根喜欢摆弄小电器,工作几年后,买了部手摇留声机和一些戏曲唱片,休假时带回家中,放给大家听。这对银凤来说是说不出的新奇,将唱片放在机盘上,摇动手摇把,为留声机上发条,一根小针放在旋转的唱片上,就能传出美妙的歌声。银凤最喜欢听的是越剧唱段,尤其是《梁山伯与祝英台》,看过电影,也多次听大姐唱过一些唱段,唱片中的《十八相送》和《回十八》等唱段是范瑞娟和

袁雪芬的原唱,原汁原味很好听。银凤站在留声机边上不肯离去,还跟着唱了起来。

农闲时,草台班子来章里村演出,给山民带来了难得的娱乐。大伙儿砍下山上的毛竹,齐心协力在南溪河岸的村中心的空旷地上,用毛竹和板材临时搭建了一个小戏台。每当草台戏开演,小银凤早早地拿了小凳子,坐在戏台前,期盼开场锣鼓早点敲起。随着婉转的琴声,身着裙服、头戴凤钗的小姐和峨冠博带的小生先后粉墨登场,缠绵委婉的唱腔,楚楚动人的扮相,让小银凤觉得很新奇,舞台上《梁山伯与祝英台》《碧玉簪》等栩栩如生的人物演绎让小银凤觉得好看、好听、好美!加上越剧迷二姐对小银凤的熏陶,银凤也渐渐喜欢上了越剧,便常常自导自演,和村里的阿芬、小胖一起模仿《送凤冠》折子戏里的人物:女孩阿芬扮演老旦王夫人,男孩小胖扮演小生王玉林,银凤则扮演小姐李秀英,咿咿呀呀地演了起来。

这些自娱自乐的稚嫩表演,让小银凤沉浸在戏曲人物的喜怒哀乐之中,不知不觉,增加了对世事的认知,精神世界也随之丰富起来,人也更开朗自信。

一眨眼,郑银凤学完了初小四年课程,参加高小升学的考试,她以第一名的成绩考取了章村完小。

秋季去七华里外的章村完小入学,章里村有四位同学,其他三位同学家都在南溪河的对面,所以郑银凤上下学没有同学相伴,独自一人往返,早出晚归,中午要自带饭菜在学校吃。

第一章 山村雏凤

郑明金用粗大的毛竹为女儿自带饭菜做了个竹碗。李桂香在银凤没起床前就为女儿做准备，做好的饭菜装在竹碗里，碗里一边是饭一边是菜。青菜、萝卜、咸菜等轮流着吃，只有在有笋干的季节里，李桂香才给女儿饭里加几条笋干，这对银凤来说，算是最美味的菜肴了。

上学路上，小银凤如丁点的小星移动在空旷的山野，显得那么弱小。她要先后过南溪河和白马河两条河，过了白马河，还要翻越一个小山坡，山坡虽然不高，但沿途有好多坟墓，每每走过，小银凤心里总是"扑通、扑通"的，有点害怕，常常用"武松打虎"来为自己壮胆。

途经的两条河都没有桥，河床有40多米宽，架通河床靠的是一块一块巨型的石墩，石墩间的距离约在四五十厘米，对大人来说正好一步，小孩走起来有点吃力，石墩与石墩距离大的则在上面铺设木板，犹如独木桥。雨季时，河水上涨，身高才1米4出头的小银凤，个矮脚短，过河时非常小心，生怕掉入河中。每逢下雨，防雨的用具是哥哥姐姐们穿过的蓑衣、戴过的箬帽，背上书包和饭菜，再穿戴上蓑衣箬帽，在风雨中爬坡涉水，对一个女小孩来说，很艰难。如风雨小一点还好，碰上狂风大雨，丁点儿的女孩像要被风雨吹走，溪水上涨，过溪河十分危险。有一次上学，小银凤刚越过溪河，架在石头上的木板就被滚滚的溪水冲走了。这一幕不仅让小银凤受了惊吓，也让郑明金和李桂香担忧了一阵子。

五年级上半学期的学习结束了,郑银凤的成绩报告单上,算术是 100 分,语文、体育平均也有 90 多分,考试成绩都很优秀。

那时,相根已经从县电影放映队调到在距离章里村约 25 公里的上墅乡人民公社(从 1958 年开始,乡、镇行政单位都成立了人民公社,村级行政单位改为大队)邮电所工作。一天,相根回家和父母聊天时说起,邮电所只有他一个人,既要在所里忙于邮寄信件、接送电报等业务,又要时常到各村去架设和维修电话线路,尤其是下雪天,电话线被大雪压断的事故常有发生,一人里里外外忙不过来,所以邮电所要招收一名话务员。

说者无心,听者有意。夫妇俩从儿子相根那里得知上墅公社邮电所要招工的信息后,又联想到女儿银凤上下学路上不安全,便商量了起来:

"银凤读书好,起码应该让她读完小学,但是到章村读书过溪河不安全,刮风下雨让人提心吊胆的。"李桂香很矛盾地对丈夫说。

"明年银凤也 14 岁了,要不和相根说说,让银凤到相根的邮电所工作?!"郑明金回应道。

"兄妹俩在一起,还可以有个照应。"

夫妇俩权衡再三,做出了让银凤停学的决定。

当父母亲把停学的决定告诉女儿时,并没有在银凤内心激起多少波澜:"这样不再有上学路上的害怕了",去邮电所工作的新奇感让小银凤忘却了告别学校的丝丝遗憾。

第二章 邮政新员（一九六二—一九七〇）

第二章 邮政新员

1962年的春天，在相根的介绍下，14岁的银凤成了上墅人民公社①邮电所的一名童工。

公社邮电所设在施善大队郎村一座前后是四合院的两层老宅，前院一至二层是乡供销社的分店，老宅的天井后院左侧的一至二层全是施善大队办公用房。右侧楼底两间是公社邮电所。

这是两个人的邮电所。26岁的哥哥是外线员兼负责人，妹妹是话务员兼柜员。

14岁的孩子，天生对世界充满好奇，更何况银凤走进了一个完全陌生的环境，第一天上班，她觉得什么都很新奇。

"人家（村民）来寄信，你要卖邮票给他们，钱不能弄错哦，每封信要贴上邮票；这是接送电话的总机，电话铃响了，

---

① 1961年9月，上墅乡从青山公社划出，建上墅公社，后改上市公社，1981年复为上墅公社，按民间习惯，文中都称为上墅公社。

你要帮助接通电话……；除了电话还要发送电报，电报的中文字要翻译成阿拉伯数字……"相根一边领着妹妹，一边手把手地教，银凤看得有点眼花缭乱，虽然不懂，但仍以点头来回答哥哥。

"这插头插进去，怎么会传来几十里乃至百千里外的声音？""拍电报要用几个阿拉伯数字代替一个字？"电话电报分不清的小银凤感到很新奇，新奇得让她感到莫名其妙！

新奇归新奇，但银凤毕竟还是小姑娘，到邮电所初期常常想家，有时一个人偷偷垂泪。相根也挺理解妹妹，节假日为妹妹代班，让银凤回家。邮电所每天晚上要值班，相根觉得妹妹年纪小，一人在邮电所值班不安全，便自己担下晚上值班的工作，让银凤去大姐春花家住宿。春花正好嫁在朗村，离邮电所很近，银凤下班后就去春花家吃晚饭，早晨起来，大姐已经给她准备好早餐，银凤吃罢就去上班。虽然银凤早晚餐在春花家有了着落，但相根和银凤的午餐要自己解决。六十年代初，刚经历了"三年困难时期"，物质匮乏，个体经济也没有，社员（村民）与社员（村民）之间只有在家里做一点小买卖，一些有经商头脑的村民在家偷偷出售猪肉、豆制品和蔬菜，兄妹俩买菜要上村民家中买，银凤跟着哥哥学着做饭做菜。

相根第一次让妹妹单独做中午饭，银凤一边洗菜一边委屈起来，想起平时在家都是母亲做饭给自己吃，现在不仅自己做，还要做给哥哥吃，眼泪就止不住往下掉。

春花比银凤大了 18 岁，几乎大了一辈。嫁到朗村后，已生下两子两女，大女儿杨香珍只比银凤小一岁，所以春花对待最小的妹妹银凤既像姐姐，又像母亲，很是呵护。银凤的鞋子都是春花做的。有什么好吃，春花给自己的儿女留，同时也给银凤留下一份。过年过节烧了好吃的，还送到邮电所，让银凤和相根在午饭时享用。

在邮电所，工作上由大哥相根带领，生活上有大姐春花照顾，银凤也慢慢适应了工作环境。

在信息不发达的年代，一切靠人工和有线传输。接收长途电话、发送电报、收客户的信件和包裹，对小银凤来说是十分复杂的工作。哥哥传帮带，妹妹细心学。银凤毕竟年龄小，稚气未脱，哥哥在工作上严厉，妹妹少不了被训斥，但稚嫩的银凤在工作上已经显露出一股韧劲。

接收长途电话需要听力，发送电报要看眼力，信件和包裹要有笔力。对只有小学程度的银凤来说，困难很大，发送电报时要把汉字转换成阿拉伯数字，接收电报时要把阿拉伯数字转换成汉字，发送之间的汉字和阿拉伯数字之间的转换是一难：譬如汉字"两"，翻译成电码是 2（读环）、9（读勾）、0（读洞），转换时虽有"电码本"可以查找，但影响速度，银凤觉得要加快转换速度，就要将 148 个偏旁部首相对应的阿拉伯数字背出来，早晚有空就背，一段时间下来，银凤在座机前接受电报时可以不看或者少看"电码本"，但是汉语字典还是要经

常查阅。原因是银凤认字不到三千个,学的都是简化字,而"电码本"上有近七千字,都是繁体字,每每碰到不认识的字就要借助汉语字典。拍电报的速度还是上不去。银凤做梦都梦见自己在翻阅《汉语字典》和"电码本"。

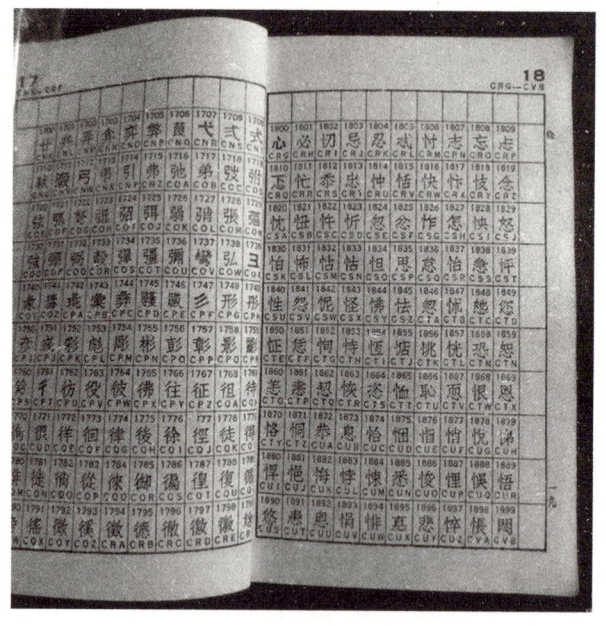

二十世纪七十年代的标准电码本

"要提高收发电报的速度,除了熟悉电码转换外,还必须多认识字!"银凤告诫自己。银凤年龄虽小,但明白自己的不足,除了工作中攻下生字外,还要利用空余时间多看书多识字,才能提高电报收发速度。

那时上墅公社也没地方借书，也没有新华书店，距离上墅八公里外的孝丰镇有新华书店，算是距离上墅最近的新华书店。为了多看书，银凤趁休息日，自己乘车去孝丰，没有车子就抄小路步行去，去过两三次，买过字典、应用文及一些历史小说。

有一次，银凤走进相根的房间，看到床边的一个木制三层书架上整整齐齐放满了书，有小说，也有修理电器的工具书等，其中有一套《红楼梦》，银凤很想拿出来看看，她怕哥哥知道，就偷偷地抽出一本，下班在房间阅读。书中不认识的字，便翻阅字典。看完了一本再去拿第二本，后来被相根发现了，银凤担心哥哥不高兴，但相根也没有说什么。

这样日积月累，银凤认识的字越来越多。从实用出发，银凤注重学习在收发电报中常用到的生僻字，这样加快了转换速度，拍电报的速度也越来越快。两年以后，她几乎可以不查《汉语字典》和"电码本"，即时转换。

如果说收发电报是个难活，那么接电话就更是个忙活。邮电所的总机有十门电话，电话和电报是合在一起的。任何一门电话，在打电话时不能发电报，在发电报时不能打电话。这十门中，邮电所的总机占一门，公社办公室单独一门，其余八门电话要供全公社12个大队（村）和粮管所、信用社、卫生院、学校等总共20多个单位所用，粥少僧多，常常需要三个左右单位合在一起拼一门电话线，称为"同线电话"，如有电话打

进来,同线的几个座机会同时响起铃声。为了尽量避免打扰不是接电话的单位,坐在总机前的银凤必须用铃声的长短来区分:摇一下铃声是 A 单位接电话,摇两下铃声是 B 单位接电话……机械而烦琐。但是小银凤却并不觉得乏味,反而觉得很有吸引力。

不久公社行政搬迁到了上墅村,所以在郎村的邮电所也跟着搬到上墅公社所在地的上墅村。公社行政人员和邮电所员工都在公社食堂用餐,这样兄妹俩的用餐不像在郎村那样麻烦,用不着自己买菜做饭了。

1964 年 10 月 15 日,在邮电所的银凤和相根突然接到了父亲郑明金去世的噩耗,银凤顿时泪眼婆娑,浮现出父亲的音容笑貌:扛起山锄上山劳作的背影、火坑边绘声绘色讲故事的神情、给自己制作竹碗的一双长满老茧的大手……想到辛劳一辈子的父亲一天清福也没有享过,自己从此再也没有可以尽孝父亲的机会了,银凤的眼泪止不住地哗哗直掉,心中充满了悲伤:"秋风起,叶飘零,从此父女阴阳分。父亲辛苦一辈子,女儿未报养育恩……"

相根和银凤要回章里村奔丧,但邮电所是不能关门的。好在平时春花女儿香珍和小姨银凤很亲,常到邮电所看小姨,问这问那,银凤到姐姐家借宿时,也常常给香珍讲讲自己的工作。耳濡目染,几年下来,香珍也懂得怎么接电话、怎么卖邮票寄信件。现在父亲过世,相根和银凤也想不了这么多,只能让香珍留在邮电所帮助代班，关照香珍碰到做不了的事，就等他们回所后再说。

那时乡镇级的邮电所是没有财政拨款的，工资发多少是由乡（公社）领导制订和监管的，发得出发不出没人管，一切自负盈亏。银凤刚参加工作属于代工，做一天算一天，所得的工资钱由相根代为保管。大约过了五年，银凤成为正式职工后，每个月可以拿到25元工资加2.5元的粮食补贴费。这个数额，对一个小姑娘来说，在当时属于高收入了。年纪轻轻就能赚这么多钱，银凤心里又高兴又难过，高兴的是自己可以自食其力了，难过的是父亲没有等到这一天，自己不能给父亲尽孝了。于是她从拿到第一个月的工资起，每月拿出三元给母亲尽孝，拿出五元给大姐春花，作为早晚的餐费，但大姐时常不收。银凤除了为自己添置生活用品，把多余的钱都存进了信用社，打算适当的时候，给自己添块手表。因为所里的台式小闹钟老走不准，如果自己有一块准时的手表，对工作有帮助，这是银凤参加工作后的一个梦想。想到梦想马上就可以实现，银凤心里美美的。

因为工资是自己一个电话一个电报接收出来的，也是一封信一个包裹寄出来的，单位营业做得好不好，关系到她和哥哥两个人的工资发得出还是发不出。三年下来，银凤也慢慢地知道，自己的工作好不好和营业额有密切关系。无形之中，她树立了敬业的责任感，也有了量入为出的经营意识。

师母

这一切对踏进社会的银凤来说,是一所别样的学校,无论工作还是生活,她学到了在学校学不到的知识。

银凤看《红楼梦》只是好奇,目的是为了多识字,解决翻译电报速度慢的困难,但自从看了《红楼梦》后,书中优美的文字语言,精彩的故事情节,鲜活的人物形象,深深地吸引了小银凤,激起了她对阅读的兴趣。由于喜欢看书,她就到处打听哪家有藏书,千方百计去借书看。家里有藏书的大多是地主、富农等成分不好的人家,而且大多是一些历史小说。

银凤18岁那年,"文化大革命"席卷全国,穷乡僻壤的上墅山乡也不再是世外桃源,在邮电所上班的银凤听说从"地富反坏右"家里抄来的书籍放在隔壁公社的一间房子里,出于对书的爱好,银凤便偷偷过去看看,不看不知道,一看吓一跳:"有这么多书啊!"银凤望着大堆旧书,惊讶地差点喊出声来,跳入眼帘的有许多她喜欢的历史小说。于是她没有考虑太多,好几次趁没有人时,将《杨门女将》《花木兰》等心仪已久的小说,偷偷揣进怀里,拿回所里。

回到邮电所,心还在"扑通扑通"跳个不停。她怕相根看到,将书藏起来,等夜深人静的时候,她就拿了手电筒,躲在被窝子里,孜孜不倦地阅读。

有一次银凤在看书的时候被相根看到了,于是相根就训斥银凤:"你胆子太大了,这些书你不能拿来看,如果被人告发,你工作的饭碗也没有了。"相根话说得很严重,但没有让妹妹交出书，银凤还是继续躲在被窝子看。

在少年步入青年的这段时间里，银凤还阅读了许多历史小说以及《家》《春》《秋》等现代长篇小说。看《水浒传》时，她会想起童年时在篝火边上听父亲讲述《武松打虎》《倒拔杨柳树》等精彩片段，看到精彩处，会反反复复地看上好几遍。就这样《水浒传》中的仗义、《三国演义》中的谋事在人成事在天、《西游记》中的修行、《红楼梦》中对自由光明的追求、《杨门女将》和《花木兰》中的家国情怀等等撞击着年少的心灵，让银凤慢慢有了追求新生活的向往，觉得女人不能依附男人，要学会独立，要有自己的事业，不做坐船人，勇做掌舵人！

步入了六十年代中期后，上墅公社管辖的一些单位和大队反映打同线电话挺麻烦，尤其在有急事的时候，真让人心急火燎，于是要求公社领导，增加电话门数。1967年，乡镇行政机构的人民公社改为革委会了。上墅公社革委会根据大家的反映，决定让邮电所从10门电话增加到20门。为了便利工作，同时让邮电所搬迁到上墅公社革委会行政用房边上的老宅子。

这老宅子是一所朝南三开间的民居，比郎村的老宅要大得多，朝南三开间，每间约有30平方米，西边一间是公社信用社，中间一间做大家办事过道用，东边一间是公社邮电所。和邮电所一墙之隔的是公社革委会办公的一所二层楼的房子，公社革委会在二楼上隔了好多小房间，供行政人员住宿，其中一

师母

个小房间,给邮电所职工住宿用。

银凤从14岁跨进邮电所后,一晃过了五年,从稚气未脱的黄毛丫头成为了19岁的大姑娘,心智也慢慢成熟。从那时开始,银凤常常一人在邮电所值夜班,在工作台边上搭了一个小床,睡在邮电所,让哥哥到隔壁的二楼小房间睡安稳觉。她在业务上不仅能完全独当一面,而且她的工作能力也得到公社领导的关注。

那时,每个公社革委会干部都要经常深入到自己蹲点的大队,工作时间也不仅仅是八小时。公社有一个食堂,为公社革委会机关干部、工作人员及当地的信用社、供销社等单位的职工服务。公社革委会食堂卖饭菜票缺少一个出纳,领导就想到邮电所的郑银凤,她无论白天晚上都在邮电所,如果让她当公社食堂的出纳,蹲点的干部买饭菜票更方便。当领导把工作交给她时,郑银凤心想虽然当出纳是义务的,但是这是领导对自己的信任,于是义不容辞地答应了下来。

在相根的眼里,妹妹已经不是刚进邮电所时那个懵懂的小丫头,而是有一定工作能力和社会责任感的邮政新员了。看到妹妹的成长,相根嘴上不夸奖,心里暗暗高兴,之前邮电所大小事都是自己说了算,现在逢事都要和银凤商量。

相根知道妹妹的计算能力比自己强,做事比自己仔细。一天,相根对银凤说:"电话总机更新的钱是所里自己掏的,增加的十门电话要各个安装单位自己付钱,所以每装一门电话都要做预算。安装设备价格我去了解,各个单位的预算你来做。"

银凤觉得自己越来越得到哥哥的重视,心里也很高兴,自信心越发增强,便点头应允。

下班前,相根将准备要采购的电线杆、电线及螺丝、弯管等配件价格等做成表格交给银凤。

银凤利用晚上值班的空余时间,认真地看相根造的表格,发现抱箍等零件疏漏了,材料的运费也没放进表格……每个大队架设的成本是不一样的,而同样长短的路程路况不同,造价也不一样,施工的难度差异很大,电线杆架设在平坦的田地和架设在有坡度的山岭上,后者的人工支出费用要比前者大得多……银凤算得很认真。她心里明白,算多了,增加用户的负担,算少了,亏了邮电所。在审核预算成本时,银凤时有发现哥哥在测量地形中对施工难度考虑不周,测量有误,影响了成本预算的准确性,每次她总要提醒相根,重新去现场仔细察看地形,做到施工成本的预算尽量准确。

相根发现妹妹不仅工作认真仔细,而且考虑问题很周全,于是对妹妹从信任上升到了佩服!

施工是一个大队或一个单位先后进行,哪家钱先付进邮电所,哪家就先施工。所以整个改造,断断续续持续了三年。电话门数增加了,电话多了,工作量也增加,营业额也提升了。

邮电所值班的床就挨在工作台的边上。工作时间也几乎分不清是八小时以内还是八小时以外。晚上这三开间的房子只有

银凤一个人住。李田梅是上墅公社革委会的妇女干部,年龄和郑银凤相仿,工作之余,常常聚在一起,说说心里话。一天她对银凤说:"如果叫我一个人去住这老房子,我会慌兮兮。你怎么不害怕?"银凤笑笑说:"晚上常常有电话响,还会害怕?"

虽然电话门数翻了一番,但是还有不少大队和单位是同线电话,而每个单位和外界的联络也逐渐频繁,电话、电报越来越多,矛盾也随之而来,最常见的是电话打进来占线,由于等候时间长,电话那边就不耐烦:"你怎么接线的?我快等了半个小时!"银凤耐心解释:"只要不占线,我会尽量快点接通。""你再不接通,我要向公社革委会领导反映!"对方威胁道。"我这里有占线的时间记录,不怕你向领导反映的。"郑银凤的语气虽然很平和,但是话语掷地有声,显得有礼有节,不卑不亢。对方听罢,也就不再计较了。

在邮电所工作几年,银凤也学会了处世之道:无论公事私事,你对别人行方便,别人也会对你行方便;你对对方好,对方也会对你好。

公社革委会开会,邮电所负责电话通知责无旁贷,银凤电话通知从不疏漏与会单位,也不耽误时间。

邮电所门口是一条石板路,下雨路滑。每逢下雨,银凤坐在柜台收寄信件,会不时下意识看看门口,看看有没有老人小孩走动。如看到有行走困难的老人到邮电所办事,银凤就会出来搀扶。

第二章 邮政新员

银凤在邮电所忙忙碌碌，但总是乐呵呵的样子，村民上邮电所办事，银凤不看身份，和颜悦色，轻声细语。几年下来，无论乡里百姓还是公社等单位的领导，大家对银凤的口碑都很不错，亲切地叫她小郑。

1970年，上墅公社革委会行政办公造了新房子，邮电所离开老宅跟着行政办公一起搬进了新房子。

上墅公社革委会党团机关支部分别由公社革委会和信用社、邮电所、粮管所、卫生院、学校等企事业单位组成。谷忠法是公社半脱产干部，也是公社机关团支部书记，平时开会要找郑银凤电话通知，三年下来，他觉得小郑办事认真负责，一丝不苟，积极要求上进，是入团的培养对象。1970年，在谷忠法的介绍下郑银凤入了团，在机关团支部，银凤分管组织宣传工作。

跨入七十年代，来自嘉兴、海盐、嘉善等地的国有企业看中了上墅罗村辖区内的煤矿资源，先后开出了四五个煤矿。上墅境内新建的胜天水库也在规划之中……

短短三年，电话门数虽然翻了一番，但是企业单位增速也很快，需要独门电话的用户需求量越来越大，20门电话又不够用了，于是上墅公社革委会做出决定，邮电所的电话从20门增加到50门。

第三章 比翼双飞（一九七一—一九八二）

第三章 比翼双飞

一

上墅邮电所有了 10 门到 20 门的扩机经验，扩机 50 门的工作有条不紊地开展。

短短的七年时间，电话门数翻了五倍，由于电话门数的突飞猛进，郑银凤给竖立在全公社各大队的每一个电线杆编上号，电线杆 50 米竖立一个，从距离乡邮电所最近的 1 号电线杆开始编号，100 根、150 根、200 根……随着通讯事业的发展，电线杆越竖越多，电话线像蜘蛛织就的一张大网，纵横交错地分布在上墅乡的各个山村。每一根电线杆的号码在哪条道哪个村？郑银凤心中都了如指掌，譬如某村办企业要装电话，新拉的电话线接在几号电线杆上，要不要竖新的电线杆，郑银凤很快就会给用户造就预算方案。如果用户装机拉的电话线长，电线杆竖得多，这样装机的成本就高，相反装机的电话线

师母

短,电线杆竖的少,成本就低。碰到有个别计较的用户,怀疑邮电所给自己多算了钱,郑银凤就会带他到实地丈量电话线的长度、查点新竖电线杆的数量,让用户心服口服。郑银凤掌握着这张"网"的用意不仅是为了方便有效工作,更是为了让用户不出冤枉钱。多年下来,全公社用户很信赖上墅公社邮电所。

胜天水库在七十年代到来之际,也拉开了施工的序幕,两万多人浩浩荡荡参加了工地建设。为了保证水库的通讯联络,拉线装机放在了优先的地位,电话接通后,银凤24小时待命,通宵达旦守候在总机旁,累了就靠在桌上打个盹。

和邮电所挨得最近的是上墅公社信用社,黄菊珍是信用社里的会计,她比郑银凤大八九岁。那年邮电所从郎村搬过来后两人相识,就成了无话不谈的好闺蜜,平日里黄菊珍像大姐姐一样关心郑银凤。

转眼郑银凤已24岁了,该到谈婚论嫁的年龄了。作为山村长大的大姑娘,她模样俊俏,善良聪明,工作好、能力强、工资高,也算是上墅乡出挑的好姑娘,不愁嫁不出去。但是对郑银凤来说,没有遇到心中的那个他,她不会跨出谈婚论嫁这一步。

1971年春,山乡到处春花簇簇,村民家门前种的蜀葵——一串红,在春花丛中格外显眼,那是郑银凤最喜欢的花儿,红的像火一样的花朵成串挂在笔挺的枝干上,生机盎然。傍晚,下了班的银凤,边欣赏着蜀葵边遐想,突然黄菊珍悄然来到她的身旁:"我给你做个介绍。"

郑银凤惊了一下,顿时脸红得像蜀葵,黄菊珍见郑银凤没有出声,便道:"他叫汤有祥,你可能知道这个人吧?他家就在你邮电所隔壁,是在姚村教书的公办教师,年龄和你差不多大。怎么样?同意见个面?"

黄菊珍之所以要把汤有祥介绍给郑银凤是有原因的。在上墅,汤有祥的家和黄菊珍的家前门对后门,她是看着汤有祥长大的,两家关系不错。汤有祥的妈妈陈和英生性善良,在村上人缘很好,和黄菊珍也聊得来。看到汤有祥和郑银凤都到了谈婚论嫁的年龄,便自愿当上了红娘。

在郑银凤心里,黄菊珍无论为人还是工作都是一个口碑很好的大姐,对她很信任,所以听罢黄菊珍的话,便含羞地笑了一笑。

其实郑银凤是认识汤有祥的。

在通讯不发达的六七十年代,老百姓获得新闻和信息的渠道是广播电台(县、乡镇分别有广播站)和报纸,邮电部门负责订阅发放报纸杂志,所以许多乡镇邮电所都在柜台处摆放各级党报,供大家来阅读。汤有祥是一个十分关心时事的年轻人,每逢星期天回卜墅家里,他习惯到隔壁的邮电所翻阅报纸,时间长了,郑银凤和汤有祥的照面多了。有认识汤有祥的人见了,就会打招呼:"汤老师,你来看报纸了!""汤老师最近

工作忙吗?"……郑银凤无意之中知道了这位常来阅报的小伙子是一位教师,姓汤,名有祥,看上去挺忠厚纯朴,印象也不错。

见郑银凤默认同意了,黄菊珍就张罗起郑银凤和汤有祥见面的事儿,半个月后的星期天,地点在黄菊珍家里。

郑银凤平时不怎么打扮,那天见面,也就是平时的穿着模样:上穿一条对襟碎花的中式布衫,蓝色的西装裤,短头发,文静而干练。汤有祥着灰色中山装,淳朴而憨厚。一个小时的见面交谈,彼此印象不错。汤有祥给郑银凤的印象是个子不高,人淳朴、实在。而郑银凤给汤有祥的印象是俊俏、文静、聪慧。

郑银凤和汤有祥的事情很快在山乡传开了。"文革"期间,教师是个不吃香的职业。对于两个人的条件是否般配?双方亲戚朋友有赞成也有非议——

"老师是'臭老九',郑银凤工资比汤有祥高,这么好的条件怎么下嫁给'臭老九'?"

"郑银凤是个药罐子,汤有祥找对象要找个健康的。"

……

风言风语传到了双方耳朵。

郑银凤和汤有祥都是有主见的人,不管别人怎么议论,他们俩相信自己的眼缘,继续交往着,加深了对彼此的了解。

汤有祥知道,郑银凤小的时候,家里兄弟姐妹多,生活并不富裕，由于红薯、高粱吃得多，郑银凤的胃不是很好，16岁那年，郑银凤去看了老中医，医生说她气血不好，建议吃中药。有人到邮电所，多次看到郑银凤的桌子上放着中药罐子，于是有了郑银凤是"药罐子"的说法。汤有祥听到这传言后，觉得人吃五谷杂粮，哪个没有一点小病?！对这种提醒不以为然。

郑银凤也渐渐知道了汤有祥的过去。

汤有祥和郑银凤同龄，出生于汤氏报福镇汤家村书香门第之家，祖父行医，家境殷实，后来父亲汤隆家经商不善，招致家境败落。汤有祥幼年多遭不幸，吃了不少苦，兄弟姐妹五个，他排行老三，6岁时父亲因病过世，留下陈和英和五个子女，最大的女儿才14岁，最小的儿子还在襁褓之中。陈和英是一个坚强的女性，她读过几年书，虽然文化程度不高，但通情达理。作为一位缠过足的小脚村妇，面对未成年的孩子和一贫如洗的家境，她强忍悲痛，白天上山砍柴，下田耕作，烧饭做菜，晚上缝补浆洗，操劳深夜，一人抚养五个子女，其艰辛可想而知。

陈和英受丈夫经商的影响，养家糊口，懂得量入为出。虽然家里经济困难，但经陈和英操持，生活并未出现捉襟见肘的窘态。她把一分钱掰成两分用，根据家事的轻重缓急，将有限的钱用在刀刃上。她觉得抚养孩子吃饱肚子很重要，但孩子读书更重要。虽然有五个孩子，但年龄都相差三四岁，不会同时

上学,根据家里的经济状况,供两个孩子一起读书是可以的,便千方百计先后把他们送进学校。好在儿女都很争气,课余时间回家,大儿子帮助生产队放牛挣工分,大女儿回家喂猪,帮助母亲料理农活。到了汤有祥上学的年龄,陈和英在经济上负担不起三个子女读书,先后让汤有祥的姐姐、哥哥读完小学后就务农了。

汤有祥不负母亲期望,品学兼优,先后担任了少先队中队长、大队长,在安吉三中初中就读时当选为学生会学习部部长,靠助学金就读三年初中。他不仅勤奋好学,而且也是母亲干农活的好帮手,和哥哥、姐姐一样,汤有祥放学一回家就帮助母亲喂猪、插秧、割稻。按照汤有祥的成绩,初中毕业后完全可以升入安吉三中高中部,这让陈和英感到很欣慰,她把全家的希望寄托在汤有祥身上。为了让儿子变得更优秀,她再三告诫汤有祥的三句话是:"一是对人如对己;二是吃亏就是福;三是黄金地段出黄金。"汤有祥把这三句话牢牢地记在心里,作为人生的座右铭。

正当陈和英要松一口气时,16岁的小女儿不幸因病去世。祸不单行,一场大火又把全家栖身的陋屋化为灰烬。无处栖身,陈和英只能带着子女睡在村里的戏台上。

家里发生火灾时,汤有祥住宿学校就学,所以浑然不知。初三下半学期的星期天,汤有祥回家傻眼了,想不到原来的家已经没有了,看到母亲和哥哥、姐姐及弟弟在戏台栖身时,他心里放弃了上高中的念头。

初三最后一个学期大考结束后放暑假,正是夏收夏种的农忙时节,汤有祥急急忙忙赶回家,一头扎进田里干起了农活。

安吉三中高中部开学了一周,也不见汤有祥来学校报到,安吉三中团委书记夏惠风老师到上墅家访,找到汤有祥,汤有祥对夏老师撒了个谎:"家里有农活干,过几天就到学校。"过了一周,学校还是不见汤有祥来读书,就派夏惠风老师再去上墅。夏老师在田头找到了正在割草籽的汤有祥,汤有祥不好意思让夏老师在田埂上等候,也不好将夏老师带到栖身的戏台,便撒了个谎,将夏老师带到大舅母的家,说是自己的家。大舅母用青菜炒年糕招待夏老师,夏老师在和汤有祥的大舅母寒暄中,知道了汤有祥因家遭火灾而不得已辍学的原因。

安吉三中得知汤有祥就学困难后,为了让汤有祥早日工作为家庭分忧,作出了保送他到安吉师范专科学校的决定。1968年,汤有祥师范毕业后,作为优秀生被留校,在安吉师范做行政工作。

安吉师范专科学校地处县城南部的孝丰镇。在校工作时,汤有祥经常代表学校到孝丰镇(1958年后曾改为丰城镇,属于丰城公社)政府参加镇上的会议。其间,镇政府的领导对汤有祥的工作能力留下了深刻印象,几次要调汤有祥到镇政府工作。教育部门因好老师紧缺,没有同意孝丰镇政府的再三要求,认为优秀教师应留在最需要的教学岗位。为此,将汤有祥

被分配到姚村中学任教。

在姚村中学初创时,学校只有汤有祥和李亦良两位公办老师。他们与当地政府一起筹创姚村中学,汤有祥在学校任数学和体育教师,并担任校团支部书记、校财务会计、食堂主任和班主任等。汤有祥的一专多能,得到安吉全县教育系统的肯定和赞扬,也得到姚村学生家长们的尊重。

虽然汤有祥已经成为一名出色的教师,但在母亲眼里觉得三个儿子要娶三个媳妇,对一个寡妇家庭来说,是负担不起的,所以多次和汤有祥说,找户家庭经济条件好,做上门女婿算了。她也曾经帮助汤有祥找了好几户人家,但汤有祥没有动过念头。

在两人的交往中,郑银凤觉得汤有祥是一位业务优秀的好教师,家境清贫没有关系,只要人好就可以。

"郑银凤找汤有祥,下嫁了!"这番话也传到了郑银凤的妈妈李桂香的耳朵。相根也不太支持妹妹和汤有祥处对象,相根觉得汤有祥家里穷,弟兄多,教师职业又不好,所以也在母亲那里说:"银凤挑来挑去,最后挑了个'臭老九'。"

银凤趁假日回家看望母亲,一路上还在担心母亲会不同意两人交往下去?但让银凤想不到的是,母亲主动说起这桩婚事:"找对象主要看小伙子本人好不好,靠本事不是靠家境。"想不到母亲的话和自己心里想的是一样的,郑银凤就更加坚定了两人的恋爱关系。

而在汤有祥的眼里,郑银凤是能力很强的女青年,业务优秀,为人善良,要求上进,年纪轻轻已是公社邮电所的顶梁柱,郑银凤正是自己心仪的对象。

经过两年的交往,在1973年年底,他们俩步入了婚姻殿堂。婚礼定在1974年元旦。

1973年12月26日结婚照

七十年代初的婚礼仪式极其简单朴素,郑银凤的嫁妆是两个杉木箱子、一个垫箱橱、马桶、脚桶。新娘自己乘客车从章里村到上墅村,嫁妆由汤有祥的弟弟和姐夫用双轮车拉回来的。新房在距离邮电所200米的汤有祥家里。

汤有祥家里遭遇火灾后,一直没有房子,汤有祥工作后有了积蓄,便和哥哥汤有明商议一起出资造了一个三开间共110

平方米的房子。兄弟俩各分一半，汤有明左边一间半，汤有祥右边一间半。不久，汤有明结婚，汤有祥在姚村教书，汤有祥的一间半就让哥嫂一家和母亲陈和英居住。国家地质队到上墅勘探，汤有明将汤有祥右边的一间出租给地质队办公和住宿。

直到汤有祥结婚，才在自己的房子里布置了新房，床上的被褥是郑银凤从邮电所搬过来的。元月1日晚上，在汤有祥家里摆了两桌酒，双方亲人到场庆贺。

婚礼第二天——1月2日，郑银凤加入中国共产党，入党介绍人是上墅公社革委会委员林元标和上墅供销社主任王之廷。

婚礼后他俩没有时间过蜜月，第二天就各自投入工作。由于邮电所晚上值班的需要，郑银凤只在新房住了两个晚上，就住到了邮电所，继续以邮电所为家。结婚后两天，汤有祥就回到了姚村中学上班。星期天、节假日，汤有祥骑上自行车，颠簸30公里的山路回家。

婚前，银凤的户口在章里村，婚后迁到了上墅村，分有2.5亩责任田，责任田种植收割的事，汤有祥一人担当起来。休息回家，如是农忙季节，汤有祥就挽起裤腿，带上农具，下田干活；不去田里干活，就上山砍柴，或者到菜园种菜。小两口既勤劳又节俭，除了两人的工资收入以外，还有不少田里地里的收入，婚后添置了家具和生活用品，生活过得自由自在。

媳妇进门后，陈和英觉得家里烧的饭菜比食堂好，希望银凤别在食堂吃饭，银凤也顺婆婆的心，常常去吃婆婆烹饪的饭菜。

婚后婆媳相处也很融洽，在郑银凤的眼里，婆婆陈和英是一个值得尊敬的好长辈，心里感谢黄菊珍给自己找了个好婆家，便在黄菊珍面前不止一次地夸奖自己的婆婆："我婆婆个性脾气非常好，人很随和。""我婆婆很善良，之前家里穷，客人来了，婆婆让客人吃白米饭，自己喝粥；如果家里有两件衣服，只要碰到比她还困难的人，她会拿出一件送给他人。为人处世方面，婆婆是我学习的榜样。"……在农村好多人家婆媳关系都不太好，听到郑银凤多次在自己的面前夸奖婆婆，"红娘"黄菊珍自然也很高兴，俗话说"两好合一好"，在黄菊珍看来，郑银凤也是明事理、懂感恩的好媳妇。

1974年9月22日，银凤的大女儿汤学智出生。刚出生，小孩要喂奶，郑银凤上班时一刻也不能离开话务员的岗位。婆婆为了让媳妇安心工作，也主动到邮电所帮助照看学智。

家庭和谐幸福，新人比翼双飞。郑银凤和汤有祥在各自岗位上更加努力地工作。

在姚村中学，汤有祥任教的班级各项科目的教学成绩都很出色，尤其初中数学在全县31个乡镇初中统考中，成绩多年名列前三。

银凤没有生孩子之前，虽然每月有四个星期天的休息日，但几乎没有休息，因为邮电所里没有其他的话务员，那时实在

有急事，就让哥哥来代班。现在有了学智后，银凤又要上班，又要哺育女儿，哥哥有外线任务，需要代班时常常不在所里；如果要再招一个人，是不可能的事，那时每个公社的邮电所都只配备一个话务员。郑银凤左思右想，想出了一个办法来解决困难：她物色了上墅村上一位因车祸而高位截瘫的残疾姑娘牟小芳，手把手地教她话务员的技能。残疾姑娘相对稳定，随时根据郑银凤的要求来临时替班，替班的钱由郑银凤自己给予。本来闲散在家的牟小芳觉得自己是家庭、社会的一个累赘，有自卑感，整天闷闷不乐，自从银凤让她来邮电所代班后，牟小芳的脸上绽放出自信的笑容。

1975年，上墅公社邮电所还是两个人的邮电所，不同的是，哥哥碰到棘手的事情要银凤帮助处理。有的用户单位欠了电话费不缴，如哥哥相根上门去收费，不是收不上，就是和别人发生口角，而银凤去收费，就顺利得多，所以在相根心里，妹妹业务精通、做事有魄力，为人处事等能力已经超过了自己。

人民公社后，农民觉得以土地为主的财产都是属于公家的，所以邮电所扩机竖电线杆竖在哪里都没有关系，从1967年开始近八年时间里，相根他们竖了上百个电线杆都没有碰到过纠纷。时过境迁，到了"文革"尾声，上墅乡的毛笋厂、针织厂、毛纺厂等集体企业开始创建了，带动了山乡的经济，到乡镇企业就业的人也多了，人们对自身利益的保护意识开始萌发了——

第三章 比翼双飞

一天相根带了八九个工人去刘家塘大队黄金边小队竖电线杆，根据之前的规划，电线杆要竖在一家农户的菜园里。正当大家将材料运到工地时，那农户死活也不让相根他们施工："这是我的菜园，你们要竖就竖到那边去。"农户指着菜园外的田边说。由于农户阻拦，施工不能进行下去，工地菜园边上围了一帮人看热闹。急得相根不知如何是好？紧急之中，他想起妹妹肯定有办法来解决这尴尬的局面，便急忙拿起手中的电话机（外线员施工时都要带上有线座机）向妹妹求救，让银凤来工地一趟。

接到相根的电话，银凤立即拦了一辆拖拉机，直奔黄金边施工现场。

"你们破坏了我的菜地，我坚决不让你们竖！"银凤一到，那农户就冲着银凤说。

"电线杆拉线要直线，电线杆竖到田边，走歪线了，是不可以的。所以，电线杆只能前后退，我们尽量不竖在你菜园中央，竖在菜园边上，你看如何？"银凤见那农户没有吭声，便补上了一句："给你一点钱，作为对你菜园的补偿。"

银凤不仅和声细语，句句话都有情有理。

那农户觉得有钱补偿，便点头同意："这样可以。"

这让相根和在场的施工人员非常吃惊，郑银凤一来，只说了几句话，那农户就同意了。人家用钦佩的目光目送郑银凤离开现场。

二

邮电所的营业收入有三个途径：一是靠寄信、寄包裹、卖邮票；二是装电话机月租费；三是电话通话费。和郑银凤1962年刚参加工作时相比，上墅邮电所营业额已翻了几倍，银凤的工资一直停留在25元加2.5元的粮食补贴费，进邮电所13年了，从来没有加过工资。虽然乡镇邮电所业务收入和工资发放都是自己做账管理的，但大家都不会擅自给自己加工资。

1975年春节过后，银凤了解到上墅公社机关行政人员都加了工资，而且供销社、信用社、粮管所等企事业单位也加了工资，唯独邮电所没有接到加工资的通知。心想："邮电所业务上有公社革委会和县邮电局革委会双重管理，但待遇怎么没人管？"

银凤的工作能力在许多地方超过了相根，还多次被评为邮电系统的先进个人，无论所内工作，还是为公社食堂担任义务出纳，银凤无怨无悔，从不计较得失，更不考虑工资多少。相根进邮电所比银凤只早了一年，但每月工资45元，比银凤多20元，银凤的工资只是相根的一半。

相根拿这么高的工资是有原因的，他是懂通信技术的复员军人。1961年之前，乡邮电所有一位业务员因不懂技术不做了，邮电所没了人，乡领导就找到了部队复员回乡在乡电影放映队工作的郑相根,让他到邮电所接班。由于相根技术好,里里外外一把手,乡领导就给他定了每月45元的高工资,而在二十世纪六七十年代,乡镇政府机关干部的工资是37元到60元不等,而邮电所不属于机关干部,是和供销社等单位一样,属于企业单位,工资级别还要低,平均工资超不过35元。当时每级职工的工资是5元,如果再加两级也超不过相根的工资。相根和别人比,内心很平衡,所以面对大家加工资,相根也不吭声。

在上墅公社机关和一些企事业单位中,比银凤晚了几年参加工作的都加了工资,银凤心里是有想法的。

一天,银凤问相根:"现在公社机关工作人员也好,供销社、信用社也好,和我差不多进单位的人都加了工资,我们邮电所为什么没有接到加工资的通知?"相根说:"加工资要公社革委会领导同意,要么你写份申请给公社革委会。"

听了哥哥的话,银凤没有马上写申请,心里一直在想,到底要不要反映?一边想"自己是党员,去和领导说待遇好像说不出口",但转而又想"工资是报酬,工资的多少是对自己劳动付出的肯定"。

考虑了几天,银凤拿定主意:"向领导反映待遇不公,没有什么不对的。"按照相根的意见,写了申请,提交给公社革委会领导。

但是几个月过去了,申请石沉大海。

于是,她想问问邻近公社邮电所的同行,他们有没有加工资?

空闲时,银凤打了几个电话,发现基层邮电所都没有加工资——

"这不公平啊,为啥我们干得多、拿得少?"

"干活轮得到,待遇没人管,乡镇邮电所像没娘的孩子!"……大家在通话时都这样认为。

由于银凤写给公社革委会领导的申请没有回应,心想:这件事只有去找县革委会领导反映。于是,她在电话里征求各乡镇(公社)邮电所的意见:"去递铺找县领导反映,你们去不去?"

已是"文革"后期了,人们的思想依然很禁锢。听到郑银凤说要去找政府,有的邮电所就退下来,最后,只有皈山公社邮电所的竺雅琴和山河公社邮电所的鲍娇珍愿意,与郑银凤一起去找县领导。

银凤打听到分管邮电系统的是县革委会副主任李惠飞,找县领导就找李惠飞。

1975年秋,三个人一起选定了一个日子,去县革委会反映,碰头的地点在递铺汽车站。

虽然在同一个县的邮电系统工作,但郑银凤和她俩都没机会见过面,为了便于在人多的车站快一点认出彼此,于是将约定见面时各自穿什么款式和颜色的衣服,带不带小孩等告诉对方。

第三章 比翼双飞

郑银凤事先安排好牟小芳来替班。

山乡的秋季来得早,秋风已黄了树叶。

那天,鲍娇珍有事没来。郑银凤抱着两岁的学智,在车站一下子和竺雅琴认出了彼此。

找县领导说事,是银凤提议的,但毕竟这样的事还是人生第一次,一路上心里很忐忑:"到了县府,县领导李惠飞见不见我们?""她能耐心听我们的反映?"……

两个人很快走进了县府大院,在一楼办公室工作人员的指点下,走进了二楼李惠飞的办公室。

李惠飞是一位女领导,客气地沏茶,让她俩坐下说话。郑银凤见李惠飞挺有亲和力,便很快消除了紧张的情绪,怀抱着学智,一五一十反映了基层邮电所待遇不公的问题,还说,本来今天山河公社邮电所的鲍娇珍也一起来的,因为有事,没有来。竺雅琴在旁稍作了补充。李惠飞听罢后说道:"你们的待遇问题我知道了,你们先回去,我再了解一下,然后会和乡镇的领导联系。"

反映约半个小时,从县府大院出来回车站的路上,竺雅琴担心地对银凤说:"不知道今天的反映有没有效果?""不管结果怎么样,今天来了至少让县领导知道了我们基层邮电所待遇不公的问题。"银凤嘴上这样回答,但心里也真不知道今天的反映有没有效果。

她俩带着几丝疑虑的心情回到了车站,各自乘车回家。

让银凤想不到是，县领导处理事情雷厉风行。翌日，上墅公社革委会党委书记找到银凤，通知她的工资每月从原来的25元加到30元。

后来，竺雅琴、鲍娇珍先后在电话中高兴地告诉银凤，她们各自的公社领导也通知她们了，都加了工资。她俩异口同声感谢郑银凤："亏得你带头去县里反映。不然我们也加不到。"这事后来在安吉全县乡镇邮电所传开，大家评价说："上墅邮电所的郑银凤煞克（安吉方言，'厉害'的意思），胆子大！"

相根个性强、脾气躁，所以，在工作中经常与用户和个别领导发生矛盾，而这些矛盾往往由银凤出面解决，给这些用户单位和公社领导留下了比较好的印象。

能者多劳，银凤兼的社会工作也越来越多，除了协助公社机关宣传工作和担任机关食堂出纳外，还应邀担任了公社农机厂的出纳，所内所外忙碌着。

1976年7月8日，郑银凤和汤有祥的第二个女儿学慧呱呱坠地，给家庭带来了欢乐的同时也带来了繁忙。两个孩子相差两岁，虽有婆婆的照看，但为了工作，银凤为学慧请了奶娘。作为两个孩子的母亲、乡邮电所的负责人，在别人的眼光里，银凤的担子够重了。但银凤并不觉得累和苦，反而觉得很充实！她心里总这样认为："为人民服务，苦和累是应该的。"

随着邮电通讯事业的发展，其他乡镇邮电所纷纷配备了两个话务员，上墅邮电所还只有郑银凤一人，况且她还有这么多的兼职，上墅公社的领导也认为邮电所到了增加话务员的时候了，年底，安排年轻的林美娇进邮电所担任话务员。

1978年"文革"结束，迎来了思想大解放、经济大发展。上墅公社乡镇企业发展得特别快，乡和村的绸厂、纺织厂、羊毛衫厂、竹制品厂，毛笋厂等纷纷创办，光是上墅罗村、山羊坞和施善村及田干村石灰窑就有六七家厂。这些企业都要对外联络供销业务，一时之间，急需安装电话线路，电话业务出现了井喷，这就需要邮电所派员下厂、下单位去接洽安装业务。相根一个人来不及，所里有林美娇值班，银凤便和相根兵分两路下基层，尽快为企业解决通讯困难。

1979年，随着十一届三中全会对内改革，对外开放的政策落实，各种新生事物如雨后春笋。地方各级革委会改为各级人民政府，随之通信网络的大发展开始萌动，邮电系统也进行了体制改革。

11月16日，安吉县政府发了173号文件"批转县邮电局《关于调整农村邮电管理体制的请示报告》"，成立安吉县邮电通信联营站，1980年1月1日起正式办公，将乡镇一级邮电所纳入联营站管理，联营站成立了七人组成的领导班子。此时的郑银凤因出色的管理水平和良好的人际关系不仅得到公社领导的信任，也使相根放心地把邮电所所长的担子放在了她的肩上。郑银凤被大家推荐进了县邮电通信联运站领导班子。

郑银凤从县联营管理站得悉，四年前，北京、上海等大城市已经陆续开放长途电话全自动和半自动拨号业务了，乡镇一级邮电所也可以安装直拨电话机来代替手摇电话，通向全国各地的电话可以通过乡邮电所直拨了。郑银凤敏锐地觉察到，这是改变农村通讯落后状况的一个契机，但让她想不到的是，安装一台直拨电话机要两万元，这在1980年是一笔巨款！正是这笔巨款像一道难于跨越的门槛一样横在了各个乡镇邮电所的前面，谁也不敢率先提出安装。

正在所有乡镇邮电所犹豫不决的时候，郑银凤心中有了如何解决这笔巨款的办法。

"喂，现在乡里要装直拨电话机，到全国各地的电话可以直拨了，这样联系业务更方便，不过安装的话，要安装费，如果你们投资了安装费，我承诺，给予你们优先接通电话的待遇……"

郑银凤这一招果然灵验，一家毛笋厂和一家煤矿都愿意投资，共同承担了两万元的安装费。

直拨电话较之前人工转机方便多了。从上墅村里打到北京、上海的电话，不需要通过递铺总机来转，通过上墅邮电所的总机，就可以直通北京、上海。

上墅邮电所别出心裁解决资金困难的办法，为安吉县各乡镇邮电所开了窍，各乡镇纷纷效仿，全县很快普及了直拨电话。

银凤对工作倾注了大量的心血，用瘦弱的身子担负起家庭和事业两副担子，汤有祥看在眼里，疼在心里，用自己的行动

1980年7月,县联营管理站组织职工到新安江参观并合影留念,前排左二为郑银凤。

默默地支持妻子的工作。

其实,汤有祥也是一个工作狂。在姚村中学工作了八年,由于教学工作出色,1976年,教育部门将他调到上墅公社的龙王学校任中、小学校长。当时的上墅公社有12所初中,有的把小学、中学合在一起管理,龙王学校就是这样。在那个年代,无论在山乡,还是在水乡,一个乡镇有这么多中小学,是很罕见的。因为原龙王学校管理不力,质量较差,社会和家长反映强烈,所以县教育局领导派汤有祥到龙王学校任中、小学校校长。汤有祥到校后,大胆改革,辞退了不合格的教师,向社会公开招聘优秀教师,加强了师资队伍建设。每天早晨跑操

后，学生在操场集中，教师轮流向学生作晨跑报告，用学生中勤奋学习、奋发上进的故事激励大家，逐渐使校园形成了教师为人师表、学生勤奋好学的好风气。

汤有祥仅用一年时间，就让龙王学校的教学质量在全公社（乡）12 所中小学中名列第一。县教育局在龙王学校举办了教学现场会，作为典型推广龙王学校的经验。现场会后，白水湾学区教育领导要将汤有祥调往白水学区分管教育工作。但汤有祥青睐的是三尺讲台，希望继续留在一线任教，便没有答应。

好在农活是季节性的，更多的是日常家务。汤有祥每天放学处理完教学工作后，便加快回家的节奏，一到家就洗衣服，和他母亲一起照顾两个女儿。到了星期天，银凤下村去了，公社的食堂也不开伙，汤有祥"买汰烧"，做"伙头军师"，包揽了家务活，解除妻子的后顾之忧，好让银凤安心工作。

白水湾区邮电所在区委所在地，邮电业务要比乡邮电所更加繁忙。1980 年秋季，区邮电所有位业务员身体不好不能上班，需要休息一个多月。区里要在全区四个乡镇的邮电所挑选一位业务水平高、能力较强的骨干到区邮电所代班。最后局领导让上墅公社邮电所的郑银凤去代班。

虽然白水湾到上墅只有 10 公里路，但由于交通不便，银凤是不能回家的。自从参加工作 18 年来，银凤从来没有这么长的时间离开自己工作生活的地方。之前有几次出差，最多也不超过一周，那是因乡镇通讯落后电话线路要改造，县邮电通

第三章 比翼双飞

信联营站组织出去外地考察学习，银凤作为联营站的领导成员去过临安、桐庐、建德等地学习和考察，正好那时汤有祥已调回上墅中学任教，加上婆婆帮忙，银凤很放心。

接到去白水湾区邮电所代班的通知后，银凤心想："领导的命令是肯定要服从的，但婆婆一人能这么长时间照看6岁的学智和4岁的学慧吗？汤有祥教学工作也很忙，回家还要备课，能忙得过来吗？这事等晚上和有祥商量商量再说。"

晚饭后，银凤和丈夫说了到白水湾区邮电所代班这件事："如果去白水湾代班，家里没有特殊情况，可能这一个多月我就不回家了。""你放心去吧，家里有我。"汤有祥话语不多，暖心地答了一句。听到丈夫毫不犹豫地支持，郑银凤就放了心。

银凤在白水湾区邮电所上班的一个多月的时间里，两个女儿白天由婆婆带，晚上由汤有祥管，家里所有的家务事汤有祥都不让妻子操半点心。

在汤有祥和婆婆的支持下，郑银凤有更多的精力和时间投入到自己的工作中去，出色地完成了白水湾区邮电所的代班。上墅公社邮电所业绩在银凤的管理下也成为全县乡邮电所中的佼佼者。郑银凤也成为安吉邮电系统的一个知名能人。

第四章 辅助办学（一九八三—一九八九）

第四章 辅助办学

一

1983年新年伊始，上墅公社邮电所的基建在郑银凤的指挥下有条不紊地进行着。虽然很辛苦，但工程进展得很顺利。

在改革开放大潮的涌动下，安吉山乡紧跟时代的潮流在裂变、在新生……1984年上墅公社改为上墅乡人民政府。

个体企业迅速发展，一些国有企业、事业单位的人也下海做生意，出现了新中国以后难得一见的经商热潮。

汤有祥脑子活，人际关系好，有人劝汤有祥离开教师队伍去做生意。这事让郑银凤知道后，对丈夫说："你祖上是书香门第，教书是你的事业，别听别人下海去做生意。""你放心，我不会离开教育工作岗位的。"汤有祥回答妻子。

经济发展，社会急需高、中等的各类人才，但人才需要学校培养。虽然"文革"结束已经八年，但中国的教学相对滞

后，其发展跟不上社会发展的需求。那年夏天，中考结束。安吉县只有15%的中考生能升入高中，85%的中考生落榜。全县40多万人口，只有四所高中，这是造成中考生在"千军万马过独木桥"时纷纷落水的原因所在。

山沟沟里的上墅乡也不例外，全乡绝大部分的中考生落榜！

落榜生家长看到子女没有一技之长，找不到工作，束手无策；而落榜少年彷徨而沮丧，有个别还在睡梦中喊："我要读书！我要读书！……"

一人落榜，全家忧虑，家长们看到眼前无所事事的孩子逛来逛去，愁眉不展、寝食不安。

那年汤有祥调入上墅初中任教。和汤有祥同事的赵老师的孩子也中考落榜了。"自己当教师，也无能为力帮助自己的孩子。"赵老师感到很无奈，只能求助于任教上墅初中的校长："校长您能不能帮帮忙，让我的孩子在初三复读一年？"校长为难了："在学校复读初三，这没有先例啊，如果教师的子女可以复读，那农民的子女怎么办？"赵老师觉得校长的答复虽然无情但是有理，面对孩子失去了复读的希望，他当场失声痛哭起来。

赵老师求助校长这一幕深深地烙在汤有祥的脑海里，挥之不去。

回到家里，汤有祥和郑银凤说起了学校这一幕："刚才看到赵老师为了孩子不能复读的事而号啕大哭,让人难受,教师子女也没办法复读,全乡许许多多农家子弟的中考落榜生更没有办法进校读书了。"

"这确实是问题,像这样的孩子没有一技之长,找工作也难。在社会上荡来荡去,万一学个坏样,对小孩对家庭都不好!"郑银凤同情而担忧地说。

中考落榜生求学难让汤有祥陷入了沉思之中:"农村因何而穷?关键是因为教育落后,农民的文化程度低,农民没有知识、没有技术,农村要富,先要富脑袋呀!"汤有祥也想到了自己的人生经历:"我不是也靠知识改变了自己的人生?"

从那时起,常常有两个声音在汤有祥脑海中斗争,一个声音说:目前国家拿不出更多的钱办教育,我应该为国家分担忧愁,创办一所私立高中!另一个声音说:办私立学校没有先例,要解决资金、师资、校舍的问题,困难很大!

虽然举棋不定,但是想要办私立学校的种子已经埋在汤有祥的心中。

随着我国首条120路海底电缆通信工程——舟山海底电缆通信工程交付使用,山沟沟里的邮电所事业也在飞速发展。经过一年的基建,占地100多平方米、建筑面积200多平方米的两层楼的上墅乡新邮电所竣工了,一楼和二楼分别三间,不仅有了营业用房和材料仓库,还有了职工宿舍。

搬迁那天,虽然也没放鞭炮,但郑银凤和大家笑逐颜开、

喜气洋洋。

　　一楼的中间是邮电所营业厅,左边是林美娇的宿舍,右边是银凤的宿舍。二楼左边一间是相根的宿舍,中间和右边共两间是材料仓库。

　　上墅乡邮电所历史上第一次有了自己的房产,营业用房的改善,对扩机100门的顺利进程提供了保障。

　　夫妇俩在各自忙碌的工作中,匆匆地走过了1983年,对银凤来说,虽然辛苦,但是邮电所终于第一次有了自己的房子,这让她心中充满了成就感。春节前夕,银凤就把母亲李桂香从章里村接来吃年夜饭。

　　由于工作忙的缘故,自己回章里村看母亲的时间越来越少了,在吃年夜饭的时候,银凤察觉母亲有点老了,记性也越来越差了,交谈时常常记不起之前发生的事,为了弥补自己孝敬母亲的遗憾,不断地往母亲的碗里夹菜。

　　银凤本想让母亲在自己身边多住几天,但是李桂香习惯了章里村的生活,就执意让银凤送自己回家。在章里村,相根的房子和母亲的房子挨在一起,有哥嫂照顾,所以银凤还是很放心,便将母亲送回了章里村。

　　让银凤想不到的是,母亲回家没有多久,在村里的路上摔了一跤,便离开了人世。银凤接到哥哥打来的电话,眼泪夺眶而出。银凤自小习惯和母亲睡在一个床上,每晚要摸着母亲的手才能安然入睡,直到14岁那年去邮电所工作,才独自睡觉,所以母女俩的感情很深。银凤便和汤有祥立马一起赶到章里村，和母亲作最后的告别。

母亲的丧事办完后，银凤和丈夫就回到了学校。晚上银凤还沉浸在丧母的悲痛之中，她默默地拿出了一个记事本，在父亲生卒边上添上了："母亲李桂香生于1906年卒于1984年"。

二

随着1984年春回大地，汤有祥创办私立学校的种子也萌发了——

汤有祥有每天阅读报纸的习惯，一天，一条《农民私人请家教》的新闻映入眼帘，让汤有祥为之一惊："社会变化真快呀，当代农民也逐渐意识到孩子接受教育的重要性了，看来创办私立学校是到时候了！"

新中国成立后，960多万平方公里的土地上，没有一所私立学校。汤有祥办私校的想法，在那时是异想天开的事，所以汤有祥把这个想法埋在肚子里近一年，对谁也不说。

农历二月十五，晚风微吹，皎洁的月光透过窗户洒进屋内，在黑暗中月光显得那么纯洁和明亮，这光亮激起了汤有祥要向妻子诉说的冲动："你也知道去年中考时乡里有这么多失学少年，国家也没有办法解决。近几年社会经济发展很快，人才需求量很大。今天我在报纸上看到了农民私人请家庭教师的文

章,更加说明目前农民多么需要文化知识!所以我想创办私立学校到时候了。"

面对汤有祥的想法,郑银凤心里有点震惊,也有担忧,她望着月光,心想:"私人办学"听也没有听到过,政府会同意吗?但转而又想:办私校能解决落榜生求学的问题,不仅为社会解难,为政府解忧,这也是积善积德之举啊。办私校是新事物,肯定有困难,但路是自己走出来的。想到自己在邮电所也做了许多别人不敢做的事,便对汤有祥说:"去年有人劝你去做生意我是不同意的,但为落榜生解决读书问题,我觉得是件好事,只要你有信心,我会全力支持你!"

听到妻子这样富有理性的回答,汤有祥对办私校有了更大的决心,但办私校牵涉的事太多了,不仅有政策上的事,还有资金、办学条件等等,到底有没有可行性?汤有祥决定抽个时间到白水湾区学校,拜访校长陶国新,听听陶校长对办私校的见解。

春寒料峭,汤有祥冒着寒风,骑着破旧的自行车,来到白水湾区学校,和校长陶国新说了自己要办学的缘由。

陶校长很清楚,这几年,中考后失学学生越来越多,这些学生找不到学校学习,更找不到工作,在社会上闲荡,确实是个社会问题。他认为目前的高中教学远远落后于社会的需求。于是对汤有祥说:"私人办学困难很多,这是一件好事,但必须要得到政府部门的准许才行,你要向上级政府及教育部门写个申请报告。"

有了陶校长的肯定和支持，汤有祥的办学决心更坚定了！

蛙声鸣唱，春月高悬。夫妇俩齐了心，每当夜晚，回到邮电所的宿舍，便常常讨论起办学这件事，也试着谋划如何解决资金、师资、校舍的困难——

"这几天我常常想，办学要有场地，乡里哪家企业或哪个生产队有空房可以租用，改建成教学用房。东想西想，最后想到了上墅乡有一个绸厂，绸厂有三层楼房，比较宽敞，绸厂只用了二层，第三层空着，我和村里商量过了，租用他们的第三层，村里支持我们办学，同意的。"郑银凤告诉丈夫。

"那太好了，我们就着手改建一下，变成一间大教室，一间女生集体宿舍，再隔一间作为教师用的办公室。这段时间我到乡里的一些学校看看，有没有闲置的旧课桌椅，和他们商量商量，能送给我们最好，不送可以借，课桌椅万一不够还可以让学生自带。课桌椅的问题应该也不大。"汤有祥说。

"家里还有2000多元钱的存款，不够再和亲戚、朋友借一点钱，把这些钱先垫进去用，这样学校就可以启动起来。"多年来，郑银凤在邮电所管理中民间融资和资金周转这一块积累了一些经验，心里有点底，所以她和丈夫说了如何解决资金困难的办法。

"教师先借用上墅中学的老师，利用他们不上课的时间来任教……"汤有祥说。

"万一国家能批准,学校能办下去,家里的宅基地、菜地都可以腾出来造校舍。"郑银凤想得很远。

....

这个春季,汤有祥和郑银凤一直在讨论创办私校的事,常常彻夜难眠。

4月15日,已近子夜了,刚睡下不久,郑银凤只见汤有祥翻身而起,拧亮了书桌上的台灯,拟写了一份《关于要求创办上墅乡私立学校的报告》:

自报上看到农民私人请家庭教师的文章后,给我很大的启发,使我看到了目前农民对掌握文化知识的迫切需要。为了对社会多做贡献,为"四化"培养人才,为此本人建造校舍楼屋三间,做20~50副课桌凳,要求创办上墅乡私立学校。此校主要利用暑寒假期和晚上,开办初中文化补习班。此校师资以退休教师为主,本人适当兼点课,并聘请有关科目的教师,在自愿的基础上,不占用全日制学校的编制、设备和校舍,但要求上墅乡政府、上墅村党支部、上墅中心学校和区县上级教育部门给予支持、帮助和辅导,特此报告请上级批准。

报告人:汤有祥
1984年4月16日

第四章 辅助办学

这份办学报告写好了,汤有祥反反复复地看了好几遍,又拿给郑银凤看。直到两人都觉得可以了,汤有祥满怀希望地将报告装进信封。这时已是翌日的凌晨2点了。

报告怎么审批,汤有祥一头雾水。能不能批准?汤有祥和郑银凤心中忐忑不安。

摸着石头过河。汤有祥把报告直接送到了县教育局,县教育局的领导说,这个报告要从上墅行政村往上一级一级审批。

从教育局回来后,汤有祥在报告的末尾加上了:

"此呈

上墅村党支部

上墅乡中心学校

上墅乡人民政府

白水湾区中心学校

县教育局"

从4月20日开始,汤有祥怀揣修改好的报告,利用课余时间,骑上自行车,开始从上墅村党支部、上墅中心学校、上墅乡人民政府、白水湾区中心学校一级一级开始往上审批,每次审批都是出乎意料的顺利,当汤有祥将报告送到教育局后,给予的口头答复是:待局办公会议讨论后再批复。

"报告已交到教育局了,如果报告审批成功,至少要筹办一年,最快于1985年秋季招生开学。"汤有祥和郑银凤商量着说。

三

在汤有祥送报告批复的日子里，中考也揭榜了，上墅乡有近60名中考生落榜，和去年一样，也愁坏了家长，但希望上墅乡能办一所高中的呼声越来越高。

落榜生的家长们常常在一起商议：

"乡里能不能办一所高中？"

"不行的，乡里没钱，行不通的。"

……

有几位家长窃窃私语：汤有祥脑子活络，朋友多，找他想想办法。

社会的急切呼声正在催促着上墅私立学校的诞生！

暑假，汤有祥在自留田里拔秧。几位中考落榜生的家长找到了在田里干活的汤有祥："汤老师，现在孩子待在家里没书读，前途也没有了。""汤老师您人缘好，能力强，帮我们想想办法？"……

家长们来得正是时候，汤有祥本来就有多想了解了解家长们的想法，毕竟办私校，是社会需求的产物啊！听完家长们充满焦虑的话语，双脚插在秧田里的汤有祥便放下了手中的活，果断地说："一起到我家去商量商量。"

一群家长跟着汤有祥来到了家里。正是晚饭时间，郑银凤赶紧到乡政府食堂买了几盆菜,烧了饭,请大伙边吃边聊。

"上墅初中不能复读,乡政府办学也不可能。怎么办?"大家议论纷纷,一筹莫展。突然一位家长对汤有祥说:"汤老师您的活动能力强,您来办一所高中吧?"大伙附和说:"对呀,汤老师,您来办学吧,您也是农民出身,您最了解我们的心思。"

家长们急切的期盼,让汤有祥和郑银凤办学信心倍增。但报告送到县教育局已经近四个月了,还没有批复,最终县教育局能不能同意,汤有祥心里没有底,这一切汤有祥不能告诉大家。怕万一批不准,让大家吃"空心汤圆"也不好。

吃罢饭,大伙儿散伙而去。

之后,安吉二中的李老师因孩子中考落榜踏进了汤有祥家的门槛。李老师愁眉不展,一进门就说:"老汤呀,安吉有这么多孩子求学无门,你活动能力强,办所学校怎么样?"李老师又补充说:"我知道办学困难,但是我会鼎力帮助。"

让汤有祥想不到的是,在整个暑假,一茬又一茬的落榜生家长来找他,好像冥冥之中一定要让他站出来办学。

让汤有祥和郑银凤企盼的办校报告终于有了结果——

8月15日,汤有祥收到了安吉县教育局《关于要求创办上墅乡私立学校的报告》的批复,在盖有县教育局的公章上写着:"可以试办,建议以农职班形式办班,开设一些农村急需的农业技术知识课,聘任全日制学校老师上课,不要占用太多时间。"

师母

从上墅村到安吉县教育局,共有五个部门(单位)批准创办上墅乡私立学校的喜讯像春风一样吹遍了山乡——

"汤有祥要办学了!"

"农职班要招生了!"

上墅乡落榜生心中燃起了希望的火焰……

落榜生和他们的家长们高兴雀跃,他们期盼汤有祥的农职班能马上开学。汤有祥和郑银凤本来打算筹备一年的计划是来不及了。急落榜生所急,解家长所难,汤有祥和郑银凤当机立断:农职班只能提前不能推迟,1984年秋季务必开学!

比计划开学足足提前了一年,所有的教学准备工作要在暑假结束前完成。汤有祥和郑银凤这一决定,给落榜生带来了希望,给家长带来了欢笑,却把自己带进了一条充满荆棘的办学之路!两人的命运也随之转轨……

暑假期间,汤有祥为办学这件事忙碌着,聘教师、买课本、借公立学校闲置的课桌椅和办公桌……炎热的夏季,辛劳地奔忙,汤有祥体重掉了足足四公斤。看着丈夫忙碌的消瘦身影,郑银凤疼在心里,利用业余时间尽力帮助落实开学前的准备工作;汤有祥回家再晚,郑银凤也要烧好洗澡的热水,做好夜宵等候,消除汤有祥繁忙工作带来的身心疲惫。

郑银凤知道汤有祥的老同学、上墅中学同事俞庆法老师在学校教的是物理课。心想:"学校缺乏师资,首先得向老同学、老同事求助。便想到了俞老师。"7月盛夏的一天晚上,郑银凤汗流浃背地来到俞老师的家中:"俞老师,高中就要办起来了,你能不能利用休息日帮助招生?还要帮忙晚上来上课。"

作为老同学、同事,俞老师心中是不支持汤有祥办学的,因为私人办学没有听到过,风险和困难太大了。但俞老师知道汤有祥是一个特别能吃苦的人:汤有祥家中有2.5亩田,下雨天,他一个人穿上雨衣、带上一个干菜饼和两瓶啤酒、一个手电筒,冒雨摸黑将秧插好。但是办学不只是苦的问题,还有想象不到的困难。俞老师曾经对汤有祥说:"你私人办学傻呀!办学是国家的事。再说,私人办学没有先例,办学的苦是想象不到的。"俞老师的不支持是他不愿意看到汤有祥的失败。

俞老师心里虽然这样想,但是当郑银凤上门来求助的时候,他还是毫不犹豫地答应了。这样每逢星期天,俞老师和汤有祥一样,骑上自行车,风里来、雨里去,饱一顿、饿一餐,帮助告知失学的中考生。

农职班招生工作很快完成了,63位学生有上墅乡的,也有临近乡镇的,全是应届的中考落榜生。

农职班每个学生每学期收取60元学费,60多个学生共收取3600多元,这笔钱在1984年的山区农村来说,是一个相当可观的数字。于是有妒忌心的人说:"汤有祥开学店了!""汤有祥发财了!"

这些话很快就传到郑银凤的耳朵,郑银凤心里很清楚,农职班虽然只有一个班级,但麻雀虽小五脏齐全,师资、校舍、

资金这三样一样也不能少,其中资金是办学的基础,没钱教师也不能请,教学设备也不能买……更何况现在校舍都没有。郑银凤早就为丈夫算过一笔账,如果三位教师,每月每人发600元工资,这一学期3600元的学费收入,只能发两个月的工资。"资金是办学最大的困难和最重要的基础,办学赚不了钱,外面还这样风言风语。"郑银凤心中有点委屈。汤有祥这样答道:"办学不赚钱,赚钱不办学。"

郑银凤也意识到办学的艰辛,但是面对丈夫的决定,夫妇俩一条心:"明知山中虎,偏向虎山行"。掏尽积蓄,继续前行——

农职班的课程都是根据当地农村需求开设的,有农业基础、养殖种植专业和数理化等课程。师资根据课程需求从安吉上墅中学及农校聘请了七位兼职教师,又从社会上招聘了三位专职教师。租用了村办绸厂厂房空置的三楼近1000平方米,隔成两间教室、一间办公室、一间宿舍。

一间宿舍最多只能住20多位女学生。30多位男生没地方住,银凤在村上挑选了可以寄宿的农户,让男生分别寄宿在10多户村民家中。

学生的住宿落实了,还要解决吃饭问题。郑银凤物色到村上一家愿意为学生办食堂的农户,虽然距离学校200多米,但是这家农户的卫生条件不错,女主人也烧得一手好菜,他们报的饭菜价格也合理。郑银凤考虑再三定下了为学校办食堂的农户。

学生的后勤在银凤的操持下很快解决了，农职班如期开学。

汤有祥统筹教学安排，郑银凤利用业余时间辅助管理后勤。1984年的金秋，新中国第一所私立高中的雏形——上墅乡私立学校在安吉的山沟沟里悄然诞生。

四

郑银凤在邮电所上班，自己又是所长，所里的工作是她的本职工作，所以她心里有一个原则，八小时内，丈夫办学再忙自己不能去帮忙，辅助办学只能依靠八小时以外。每天下班，吃过晚饭，银凤关照10岁的学智和8岁的学慧："做好老师布置的家庭作业，自己睡觉。"安顿好一双女儿后，郑银凤要到开办校食堂的那家农户家里看一看：饭菜做得好不好？学生吃得香不香？夜自修结束后，还要和负责学生管理的张景新老师一起，拿上电筒去巡查学生住宿，检查完了女宿舍，再去10多户农户家里，挨家挨户巡视30多位男生的宿舍，看看睡觉了没有？和村民相处得怎么样？

在上墅乡所在地，汤有祥和郑银凤除了早年和哥哥一起造的一间半的婚房外，边上还有一块约300平方米的宅基地，随着一双女儿的长大，本来打算建造一所像样的新宅，已经花了

7000元打好了地基。但自从农职班办起后,夫妇俩就放弃了在宅基地造新房的打算,连原来白坯的家具要油漆一下的打算也放弃了,银凤还让汤有祥将家里准备造房子的近千元的木料拿出来制作课桌椅、办公桌,决定在打好地基的宅基地上建造新校舍。

建造新校舍,校舍的地基是必须重新打造的,意味着原来打地基的7000元就如砖头扔进水里。郑银凤不以为然,但是宅基地只有300平方米,造校舍远远不够。于是夫妇俩又商量起来,郑银凤说:"你三舅家的菜地在宅基地边上,我们的菜地隔了一段路,能不能和舅舅商量,置换一下?这样可能有1000多平方米,造校舍问题不大了。"

汤有祥觉得妻子说的这个办法可行,银凤说话有分寸感,去舅舅家商量比自己适合,便对郑银凤说:"你出面去三舅家商量,不知道他们能不能答应?"

趁休息时间,银凤上门去找三舅:"舅舅,汤有祥在办学你是知道的,现在学生多起来,没地方上课,想自己造校舍,我们家宅基地面积不够,您家菜地在边上,想用我家的菜地和您家的菜地置换一下,可以不可以?"

舅妈不在家,三舅说:"这事你去找你舅妈商量商量。"

银凤找到舅妈,舅妈对置换土地总是有顾虑,没有答应。经过银凤多次上门,舅妈终于松口了:"银凤呀,你们造学校舅妈不是不支持,你也知道我们的菜地有近八分地,你们给的菜地好像没有我给你们的菜地大,而且也没有竹园……"没等舅妈说话,银凤马上接上话茬:"舅妈,您看这样好吗?除了我们换给您的菜地外,再按照菜地面积的差额和竹子的损失,按市面的价格补偿损失可以不?"

舅妈听了银凤的话,觉得银凤算得很仔细认真,便点头同意了。

地基落实了,夫妇俩从长计议,准备造一幢三楼的校舍。

二十世纪八十年代中期,山区农民造泥墙房子,最多几千元的事。造校舍房子质量要好一些,造价就高一些。郑银凤请人设计图纸、搞预算:造五间三层建筑面积为690平方米的校舍,造价约三万多元。之前给舅妈的补偿款也是借的,现在造校舍要三万多元,夫妇俩商量也只有借款一条路可走。借款的事责无旁贷就落在了银凤的肩上。

向谁借款?借多少?银凤将自己熟悉的乡里有借款能力的人梳理了一遍,打算基建费的第一笔借款就向施善村的余小友借。余小友是做毛竹生意的,因家里装电话机和银凤熟悉。银凤打了个电话给余小友:"小友呀,汤老师办农职班的事你是知道的吧?现在家长希望把学校办下去,因此我们要建校舍,想和你借点钱,你能借多少就借多少。""郑阿姨,汤老师办教学是件好事,我马上把钱送过来。"余小友爽快地答应。

余小友比郑银凤小一辈,称郑银凤为郑阿姨,家里装机时,郑阿姨诚信周到的服务,让他很满意,他深知郑阿姨的为

人,于是很快将一万元借款送到郑银凤手中。这让郑银凤很意外也很感激,想不到余小友一下给了一万元,原本匡算小余那里最多能借到几千元钱。

三万元造价不需要一次筹齐,有了一万元的垫底,资金就可以周转了,银凤和丈夫一起采取边建造,边向乡里乡亲借钱的办法。乡里乡亲看到汤有祥和郑银凤的办学举动也很感动,一些企业雪中送炭,优惠供应木材、水泥、碳化砖等建筑材料,乡亲们的支持,让夫妇俩很感动。

1984年年底,建筑面积为690多平方米的三层楼校舍结顶。上面两层每层两间教室,四个教室可以安排四个班级,下面一层做教师办公室和教师公寓等。

校舍造好了,但是没有学生食堂,汤有祥和郑银凤决定,将校舍边上自家的一间半婚房拿出来改造成食堂。

翌年春天,银凤又请施工人员为新校舍忙起了改造食堂和挖水井的事。由于没有自动挖井的工具,有时得靠双手,为了省时省钱,汤有祥和施工人员一起干,连指甲都扳掉了。郑银凤看在眼里,疼在心里。

1985年3月21日一篇题为《汤有祥私立农职学校越办越好》的报道在《湖州日报》头版上刊登,作者是安吉县报道组徐存林。很快这篇文章被《文汇报》转载,这篇文章也是汤有祥私人办学第一次在全国媒体上公开亮相!

其实,农职班创办时,有少数人对私人办学持怀疑态度,估计好景不长。想不到，农职班非但没有关门，现在还造了新校舍。报道见报后，上墅乡上下议论纷纷，有支持、有怀疑、有反对——

"汤有祥办学解决了我们乡中考生落榜生出路的大事，真要感谢汤有祥！"

"能不能学校规模再大一点，以后读高中也可以不出乡。"

"私人办学不合法，总有一天要关门！"

"郑银凤真是傻，自己的房子不造，怎么让丈夫造校舍，以后孩子大了住到哪里去？"

…………

说者层次不同，观点迥异。

面对支持的言论，郑银凤感到了丈夫肩上的责任，面对怀疑和反对言论，郑银凤觉得更应该在背后默默助力丈夫办学。

5月，农职班面临毕业，郑银凤正在为丈夫辛苦办学终于有了初步成果而感到高兴时，汤有祥突然接到上级教育部门不准参加中考统考（高中招生考试）的通知。

"首届毕业生不能参加升学考试？"汤有祥看着通知，心里焦急起来。"事不宜迟，看来这事必须立即去找县委书记王家祥反映！希望王书记帮助解决问题。"为了不让郑银凤担心，汤有祥没有将县教育部门的通知及去县政府反映的事告诉妻子。

上墅到递铺有30公里，已是下午5点了，没有公交车可

乘,汤有祥骑上自行车直奔王家祥宿舍地——县政府招待所,赶到目的地已是晚上6点半了,恰巧王家祥下乡出差,据招待所的服务员说,王书记要到晚上10点才能回来,如果超过10点半,王书记一般就不回来了。汤有祥听罢,只能在招待所门口的走廊上等候。可等到10点半,不见王家祥的身影。

  汤有祥只好带着失望的心情骑车返回。五月天孩儿脸,说变就变,出了县招待所,天空乌云密布,就下起了暴雨,汤有祥冒着漆黑的夜晚,顶着倾盆大雨骑车,铜钱大的雨点砸在汤有祥的身上,衣服很快湿透了,眼睛被雨水淋得难以睁开,全身冷得瑟瑟发抖。好不容易回到上墅邮电所的家里,已是半夜1点多了。郑银凤见汤有祥浑身上下湿透的样子,冻得嘴唇都发紫了,便关切地问道:"有祥,到哪里去了,身上都湿透了?"汤有祥便撒了个善意的谎言:"有事到刘家塘(刘家塘到上墅3.5公里)去了一趟,淋了一点雨,没事。"郑银凤看汤有祥若无其事的样子,立即给澡盆倒了热水,让汤有祥洗澡换衣。接着,又先后端上热气腾腾的生姜红糖水和糖烧鸡蛋,让丈夫驱除饥寒。

  此时的上墅村沉浸在漆黑的雨夜之中,只有邮电所的一间屋子还亮着灯光,这灯光让小屋弥漫了温煦和爱意,驱散了汤有祥身体上的辛劳,也冲淡了心中的焦虑,给了汤有祥战胜困难的力量!

  1985年夏季,63名农职班的毕业生升学考试问题,经汤有祥的四处奔走,在县委书记王家祥的关心下,终于得到解决。县领导认为,自学的人都能参加中考,农职班的毕业生同样可以参加升学考试。中考成绩公布,63名中有37名学生分别被中专、技校和高中录取,其余26名没有考上的,有的到乡镇企业就业,有的自己干起了专业户。

上墅私立学校取得的成绩,点燃了上墅乡历届中考落榜生心中的希望,汤有祥也收到了300多封要求入学的报名信,面对社会热烈和积极的回应,汤有祥和郑银凤商量决定,不能只办农职班,要办就办普通高中,给落榜生一个上高中的机会,于是再次向县教育局提交了《关于上墅私立学校要求开办普通高中班的报告》。

和去年申请办学一样,报告送上去了,夫妇俩心里不知道能不能批准?去年申请"创办私立学校",后来批下来"办农职班",今年申请"开办普通高中班",批下来的会是什么?

1985年8月30日,安吉县教育局作了批复:"同意你校从1985年第一学期开始办普通高中班。"

无疑,教育局的这次批复,让新中国第一所私立高级中学的诞生向前迈了一大步,但是学校的每一步进程,不只是在考量汤有祥办学的能力,同时也考量和汤有祥一起风雨同舟的郑银凤!

有了教育局的文件批复,汤有祥一边抓紧招生工作,一边在新校舍挂出了"安吉县上墅私立高级中学"的牌子,新中

国第一所私立高中就这样在山沟沟里拉开面纱，正式亮相。9月上旬近100名落榜生满怀希望，走进了上墅私立高中新校舍。

学生住进了新房，郑银凤和汤有祥自家新建房子的打算就成了泡影，原来的一间半婚房也成了学生的食堂，全家只好挤在邮电所的宿舍里。

自从搬进新邮电所，宿舍条件比在老邮电所时好了许多。为了节约日常开支，银凤从长计议，决定不吃食堂自己开伙，便在邮电所边上搭了一个30平方米的灶间。

郑银凤看到学生走进新校舍上课，心里挺高兴，但是想到基建费没有付、社会上的借款还没有还……就愁上眉梢。

晚上夜巡回来后，郑银凤从总务那里拿出基建财务账目仔细查看，借债近三万元，债主有三四十位，她盘算了一下：到年底要付清基建费和社会上的借款是不可能的。基建费关系到建筑工人的工资，关系到民工家里的生活，这是一定要付的。借款只能拖到1986年春季后，再逐步还清，再说债主基本都是乡里乡亲，也好说话。银凤把自己的想法告诉汤有祥，汤有祥说："我觉得也是，民工的工资不能拖欠。就按照你这样处理。""到时债主来讨钱找你，你就让他们找我。"银凤回答。她心里清楚，汤有祥要处理的学校事情很多，脾气有点急，这事就不让丈夫分心了。

让夫妇俩着急的是眼下需要还清民工工资，但钱还没有着落，于是两人分头找各自熟悉的亲戚和朋友商量，亲戚和朋友借完了，再让亲戚找亲戚、朋友找朋友去借款。好不容易，用借款凑齐了民工的工资。

民工的工资解决了，其他到期的要付的款就无法偿还了。

果不其然，寒假一开始，打电话或上门催材料款也开始了。郑银凤心有愧疚，她习惯用安吉方言细声细气地向讨债的亲朋好友说明缘由，并承诺：来年春季第一时间还上。其实，银凤心里清楚，只能到时再想办法借债，用新借来的钱去还旧债。

就这样，郑银凤下班后，打电话给讨债的债主，好言好语安抚他们，希望得到他们的谅解。

新校舍有了，但是学生和教师的宿舍还是借住在农民家里，看到校舍后面还有一块地可以利用起来建造宿舍，用来解决女生住宿问题。于是利用寒假，汤有祥租了一辆拖拉机每日奔波在山村，购买建房用的木材。

春节前，俞庆法到汤有祥家中看望。看到汤有祥一家挤在乡邮电所的小房子里，夫妇俩穿的都是旧衣服，吃的是粗茶淡饭。俞老师对郑银凤说："过年了，该换件新衣了。"郑银凤说："办学造房是大事，吃穿是小事。勒紧腰带过日子，能省则省。"俞老师听了郑银凤明事理的话，深深为汤有祥有这样的好妻子而感到庆幸！

春节的脚步越来越近，婆婆看到儿子和媳妇这么忙，就去

大儿子有明家过年。

转眼到了1986年2月1日——农历腊月二十三送灶神的日子，再过一周，就是除夕，上墅村小集镇的街上陆续出现了卖春联、灯笼、烟花爆竹、儿童玩具等年货摊贩，处处呈现出过大年的喜庆气氛。之前，相根曾买了一台9英寸的电视机放在邮电所，这给学智、学慧的寒假带来娱乐。学智领着学慧做完寒假作业后，就迫不及待地到邮电所，坐在小板凳上看电视。

郑银凤下班回到了邮电所旁边的灶间，外面已经响起了此起彼伏的烟花爆竹声，去姚村买木材的汤有祥还未回家，心里惦记着汤有祥路上的安全，屋里空荡荡的，一个人默默地打扫着灶间的卫生，边自言自语地说："有祥怎么到现在还没有回家！路上应该没有什么事吧？……"两行眼泪不自觉地流了出来。

很快到了除夕，一大早，汤有祥又出门去山里买木材。邮电所放假了，郑银凤这才有时间为年夜饭做点准备，一早就去菜市场，花了不到五元钱，买了两斤多的猪肉和一条鱼及蔬菜。

结婚12年，这个春节是郑银凤和丈夫过得最寒酸的一个春节。囊中无钱，不仅学智和学慧没有添置过年的新衣，连年货也没有钱办。但想到春节是大喜的日子，过年总要像过年的样子，郑银凤回家后又忙着拆洗被褥，整理房间，贴上春联，营造一点春节的喜庆气氛。下午,汤有祥买木材回到家里,郑银凤对丈夫说:"有祥,学智和学慧喜欢吃河虾,我在菜市场没有看到河虾,你去附近乡镇看看。"

吃年夜饭,在中国人心中分量很重。汤有祥听了妻子的话,不顾疲劳,骑上自行车,到孝丰菜市场,花了一元钱拎回了一斤小虾。看到丈夫拖着疲惫的身子回家,郑银凤心里有说不出的酸楚。

郑银凤下厨,将四个小菜端上桌子,听着屋外噼噼啪啪的爆竹声,眼睛又一次湿润了。

办学前,汤有祥和郑银凤对私人办学的困难是有思想准备的,但是办学短短两年,现实比预想中还要艰辛!在郑银凤眼里,两年来,汤有祥为了办学受了不少苦,请教师、招学生,风里来、雨里去,自己运木料、装电灯、参与挖水井……劳力劳心,人渐消瘦……心想:有些事情自己帮不上忙,在不影响自己工作的前提下能帮则帮,作为妻子辅助丈夫办学理所当然。汤有祥也深深地感到,自己的办学离不开妻子的帮助,内心很感激妻子的付出。本来因工作和家务已经让妻子忙里忙外了,现在又加上办学的各种杂事的操劳,汤有祥觉得对不起妻子,除夕晚上临睡前,汤有祥动情地说:"银凤啊,和你结婚十几年来,我深深地感觉到我找了个好妻子,我们汤家找了个好媳妇。但是近两年的办学经历,让我有几个想不到:想不到你不仅不反对,而且身体力行地支持我;想不到你在管理学校上

想得这么周到;想不到你为办学解决了不少实际困难……"听到丈夫内心深处对自己的认可,银凤觉得自己的付出很值得,也忘掉了年夜饭时的辛酸,边开玩笑边认真地说:"谁让我是你的妻子呢?对你的夸奖,我奖励你一段越剧。"便轻声唱道:"有祥啊,你若肩挑千斤担,我为妻分挑五百斤……"

五

过了一个寒酸的春节,正月初三,银凤和丈夫携一双女儿去章里村银凤娘家拜年,银凤的母亲已经过世了两年,说是娘家,也就是银凤大哥和二哥家里,大哥家代表了娘家。

中午聚餐,银凤二哥文梅一家也来了,三杯酒后,大家就热聊起来,相根一直话不多,文梅会说一些,他对妹妹和妹夫说:"我们村上有一户贫困人家,小孩子叫方荣根(后改名为方严),初中毕业后,没钱上学,但是画画得很好,这样的孩子没有书读,也真可惜!"银凤赶紧对丈夫说:"这样的孩子读不起书可惜了,你应该去他家看看。"

吃罢饭,文梅陪汤有祥,骑自行车来到了方荣根家里,可是家里铁将军把门。邻居告诉汤有祥:"荣根和父亲到南溪河挖沙去了。"在邻居的指点下,汤有祥和文梅在南溪河边找到了方家父子。只见方荣根和父亲一起,在寒冷的早春光着脚丫,用瘦弱的肩膀在挑沙泥。面对这样的场景,汤有祥心想:文梅说这户人家困难是事实，不然为什么要在大年初三光着脚干活？于是，汤有祥简单地向方家父子介绍了自己的身份，对方荣根的父亲说："听说你儿子画画画得很好，我想让你孩子到家里，带我去看看他的画。"荣根的父亲招呼儿子放下工具，带汤有祥来到家里。

这房子新造不久，但简陋，也没什么装修。方荣根捧出一个破旧的木箱，从箱内拿出了他画的国画，其中大多是花鸟工笔画，画得很传神。汤有祥心想这孩子画画确实有天赋，不能埋没了这样的人才！便问方荣根："要不要读书？""我当然要读，父母亲不会给我读。"汤有祥说："你先不要考虑读书的钱，你父母的工作我会做。"

回到相根的家里，汤有祥将方荣根的情况和郑银凤说了，银凤明知已在借债办学，但她对丈夫说："学校经费再困难，这样的学生要资助他。"夫妇俩当即决定免去方荣根的学杂费，学校培养他。汤有祥再次到方家，对他父母说："你们的儿子是个人才，不读书可惜，我们学校免掉学杂费，让他来上墅私立高中读书。""免费上学？"方荣根的父母几乎不相信自己的耳朵，看到汤校长真诚的眼神，其父母连连点头同意，感激地说："谢谢！谢谢！"

就这样，方荣根不仅免费进入上墅中学就读，郑银凤还为方荣根的吃住都做了妥帖的安排。为了鼓励方荣根画画，帮他实现美术梦想，汤有祥还让总务专门给方荣根安排一个画画的

场所，学校每个星期在校园展出方荣根的画作。方荣根没有辜负他们的期望，在校时，他的画作入选安吉县文化馆举办的画

1986年清明，郑银凤和汤有祥（后排左一左二）与部分杭州老教师在孝丰烈士陵园扫墓并合影

展。上墅私立高中普高毕业后,他又去杭州工艺美术学校学画,后来经过自己的不断努力,以全省高考美术专业第一名的成绩考入了艺术殿堂——中国美术学院,并获得美术硕士学位。方荣根从中国美院毕业后,被招聘到浙江师范大学美术学院任教,如今已成为中国画坛上小有名气的年轻画家。为感谢当年上墅私立高级中学让他重拾美术之路的梦想,方荣根专门创作了一幅巨幅国画《竹乡飞出金凤凰》送给母校,挂在学校大厅。

汤有祥和郑银凤的善举,改变了方荣根的命运,《浙江日报》以《竹乡飞出金凤凰》为题,长篇报道了上墅私立高级中学资助贫困生方荣根求学成才的故事。

六

汤有祥办学毕竟用的都是业余时间,为了私校招生、聘请教师、后勤管理,他像陀螺似的忙碌着,郑银凤跟在汤有祥的后面也像陀螺似的旋转着。

学校有了食堂,但男女学生的住宿还是借住在村民家里和绸厂的厂房里。到了秋季,学生增加了两个班级,上墅私立高中在校学生首次突破200人。

这些学生分散住在农民家里,又正值青春年少的叛逆期,学生的安全管理成为后勤管理的重中之重。学生多了,为防止

师母

晚上学生吵架、谈恋爱、赌博等，郑银凤参与的夜巡工作也更加吃重。而村民一旦和学生发生纠纷，也习惯找郑银凤解决。郑银凤下班后和张景新老师一起去巡视，要到晚上11点结束。张景新老师目睹郑银凤的夜巡，也看到郑银凤解决一件又一件学生行为不端之事，不无感慨地说："私立学校的学生管理是一件非常细致的工作，一天24小时，都有可能发生不测。郑银凤不是老师，但胜似老师。"

学校每三周放一次假，放假时间是四天，大部分学生都回家，也有小部分的学生留在上墅。

有一次学校放假，两位男学生没有回家。那天他俩趁房东全家人外出做客，偷偷将正在鸡窝里下蛋的新母鸡宰了，在灶间煮熟就吃了。晚上，房东一家回到家里，发现少了一只鸡，还是刚下蛋的鸡，找来找去找不到，最后在灶间发现了煮鸡的痕迹，心里就不开心，于是就找到寄宿的男学生询问。开始学生不承认，后来房东让学生到灶间看，学生只好低头承认。房东生气地将这件事告诉郑银凤，银凤觉得这事是学校的错，是对寄宿学生管理的疏忽，便向房东道歉，提出让学生赔不是，并给予赔偿。房东也通情达理，反正鸡也吃了，学生既然赔不是了，学校也道歉并做了赔偿，这事就算了。

偷鸡的事虽然过去了，但引起郑银凤的深思，之前也发生过学生到农民的地里偷番薯吃的事，学生吃几个番薯，农民也不介意，只是和郑银凤说了一下。现在出现了偷鸡吃，以后不知道还会发生怎样的事？再说，照目前看，建学生宿舍不太可能，应该还会继续在村民家中寄宿下去，如果不对学生加强道德行为的教育，这样的事可能还会发生。

回家后，郑银凤把自己的想法和汤有祥说了。汤有祥说："这事要引起重视，教书先育人，明天在学校晨会要不点名批评下？"汤有祥告诉妻子，进私立学校的学生要做到学会读书、学会做人、学会健身，办学的目的在于"不求人人升学，但求人人成才"，必须把为社会培养有用的人才放在第一位，其中对学生加强道德教育是重要的一环。银凤说："我赞同，但不要在学校晨会上点名批评偷鸡吃的学生。这件事要借机告诉家长，学校教育需要家长的配合。"

为了建立和村民的感情，在郑银凤的建议下，汤有祥还开设了劳动课。学生和村民的关系渐渐地融洽，纠纷也逐渐减少。学生食堂，再也看不到学生乱扔饭菜的现象。

七

私立学校作为新生事物，从诞生之日起一直存在争议。

1986年的秋季，汤有祥和郑银凤听到这样的议论："拿公家的工资，办自家的学校……"夫妇俩心里很不是滋味，两人商量后觉得：一边教书，一边办学，精力也不够，如果学校要长期办下去，心挂两头不行的。于是商定汤有祥申请留职

停薪。

1986年年底,汤有祥决定向县教育局提交留职停薪的《请示报告》。

教师留职停薪可不可以?安吉县教育局收到汤有祥的留职停薪报告后也吃不准,便向省教委报告请示。

1987年3月,县教育局根据省教委的批复精神,发文通知汤有祥:"从今年开始不得再继续招生,否则,要立即办离职手续。原招收的两届学生毕业后,即回原单位工作,校产问题待以后研究解决。"看到教育部门的批复,汤有祥心里一惊:这个批复的意思是不支持私人办学,它关系到上墅私中的存亡。汤有祥怕妻子担心,也没告诉妻子。

汤有祥抗压能力很强,他一边在原单位上班,一边在指挥着私校,让上墅私中照常运转。郑银凤也不知道上墅私高面临的问题,一切似乎风平浪静。

8月26日,汤有祥出差在外,县教育局将1987年8月25日签发的《关于上墅私立中学有关问题的处理意见》由校区一位负责人送到了郑银凤手里,文件的核心内容是:上墅私高办下去,汤有祥要辞职,不辞职,就要回原单位工作。如果辞职办学,学校还是不能招生。

郑银凤心想:按照这份处理意见,汤有祥即便辞职离开了教师队伍,上墅私中最后还是要关门。此时郑银凤才知道,汤有祥的留职停薪报告一直没有批准,私校处在存亡关头。

送报告的学区负责人要郑银凤在报告上签字，郑银凤心想：让我签字就意味同意辞职，或停办私校。再说，秋季的招生工作也完成了，开学在即，如今又给出辞职或停办学校的两难选择。于是她说："汤有祥不在，这个字不能签。"那位学区负责人其实心里也挺支持汤有祥办学的，等郑银凤说完，他什么也没说，转身就走。

晚上，汤有祥回家，郑银凤拿出报告，汤有祥这才将3月份县教育局对自己留职停薪报告的批复情况和妻子说了："这样下去不是办法，我想辞职算了。""当时我们创办学校时也是通过教育局批准的，创办私校不犯法。再说你辞职办学，如教育部门不让你招生，学校最后还不是照样要关门！辞职不行！"银凤的话充满了力量。汤有祥觉得妻子对这件事比自己想得更周到。

银凤一边给汤有祥打气，一边心里已有打算——第二天去县里找县领导说理，但她没有把自己的打算告诉丈夫。

第二天一早，郑银凤安排好工作，请了半天假，直奔县委县府。县委办公室的工作人员听郑银凤说有事找县领导，便将郑银凤领到了县委书记胡伟的办公室。

郑银凤也不胆怯，也不知道胡伟是不是分管教育，便将汤有祥面临辞职和私校停办的困境一口气和胡伟说了："上墅私高是教育局批准创办的，学生也招了三届了，现在县教育局又不同意汤有祥留职停薪办私校，如要办学就要辞职，辞职办校又

不能招生,汤有祥辞职后学校不能招生,学校还不是要关门?……"胡伟耐心听了郑银凤的诉说,当场拿起电话机和县教育局领导通了电话:"汤有祥的爱人来了……"胡伟将郑银凤反映的问题和教育局做了沟通。他放下电话后,对郑银凤说:"你先回去,我和教育局会进一步沟通。"

银凤回家后,她把找县委书记胡伟反映的事和丈夫说了。汤有祥听罢,笑着说:"你胆子真大。"

转眼到了开学时间,自从郑银凤找胡伟反映后,县教育局也没有找过上墅私高。

9月上旬,学生报到,1985年第一届普高班已进入高三,上墅私高首次有了高中段三个年级各两个班的建制,学生也接近300人,学生喜气洋洋地报到,但郑银凤内心还是有担忧,如上面教育部门不同意汤有祥留职停薪,对私校的教学管理会影响很大。

正当银凤担忧之时,转机不期而至。

9月10日教师节,湖州市长费根南和省政府副秘书长吕家骏到上墅私立高级中学慰问教师,听取了汤有祥关于办学情况的汇报,吕家骏当场说:"私立高中办得不错,要支持办好。今后有事找我们市委市政府,我们挑担子。"在吕家骏和费根南的支持下,9月24日,安吉县教育局又下文批准汤有祥留职停薪三年。汤有祥终于可以继续私立高中的教学管理,这让郑银凤暂时放下了心中的石头。

八

那时在江南农村，父母到了老年，丧失劳动力后，由儿子赡养。两个以上儿子，父母就轮流到儿子家吃"轮家饭"。

1987年，汤有祥的弟弟汤有法已从部队复员回到了安吉，在家乡办了厂，还结了婚。三个儿子都已成家立业，母亲陈和英也到了耄耋之年。于是老人家提出了要吃"轮家饭"的意愿，陈和英把自己的想法和银凤说了。

银凤心想：虽然婆婆的腿脚还算利索，但毕竟缠过足，已经78岁了，走路不是很稳。自从结婚后，婆婆对我很好，帮助照看孩子，现在婆婆老了，应该由我来照顾。便对婆婆说："'轮家饭'一月一轮，您走来走去也不方便，还是固定在我们家里生活比较好。"面对媳妇的劝说，陈和英心想，我有三个儿子，怎么能让二儿子一家养我？便回答银凤说："在你一家吃，不公平。我现在还走得动，到了走不动时再说。"

银凤见婆婆执意要吃"轮家饭"，也只好顺了婆婆的心。为了让婆婆来家吃饭时不需要到自己住所来回走动，郑银凤便将30多平方米的房间用布帘隔成两间，里面20平方米搭了两张床，是郑银凤和汤有祥及两个女儿的房间，外面一间10来平方米让婆婆来居住。

婆婆不来吃，银凤一家吃得简单一些，难得烧了一个好

菜,一定会留出一碗,自己没时间送到婆婆的住处,她就请别人带给婆婆。轮到婆婆来吃饭,银凤就买好一点的菜。在平平淡淡的日常生活中,银凤为婆婆尽孝。

单位、家庭、学校,郑银凤在有限的时间里,巧妙地安排着自己的担当。

1986年暑假,又一个难题摆在了汤有祥和郑银凤面前。自从1985年招收第一届两个班级的高复班后,学校面临要在秋季招收第二届普高班,加上一个高复班,很快就要五个班了,这意味着学校教学楼原有的四个教室已经不够用了。本来校园内还留着一块约90平方米地基,可以造一幢三层的教学楼,至少也可以增加三个教室。但因为前一年竣工的教学楼外债还没有还清,不可能马上建第二幢教学楼。怎么办?郑银凤对丈夫说:"我有时间去村里走一圈,看看有没有私人和公家空余的房子可以租用,改造成教室。"

郑银凤下班后,便在上墅村的街道小巷仔细察看,发现在距离学校300米的文昌阁,有一个村集体空置的大仓库。郑银凤便拉上汤有祥去看仓库,发现面积约有300多平方米,汤有祥说:"这个仓库稍加改造装修,至少可以安排三个教室,一个教师办公室和夜间值班老师的宿舍。""学校现在资金紧张,租房可以解决燃眉之急,那我们赶紧和村里商量一下,签个协议把它租下来。"夫妇俩当机立断,马上找到村领导,表达了要租用仓库的意向,村领导心想,仓库反正空着,租几个钱也好，既为集体增加收入，也解决汤校长办学困难。最后商定仓库每月的出租费为100元，一年租费1200元。这和造一幢几万元的教学楼相比，汤有祥和郑银凤都觉得划算很多。

解决了扩班的困难，郑银凤和汤有祥说："明年秋季要招收第三届普高班，文昌阁仓库四个教室正好给高复班用，这样教室又不够用了，邻近校园南墙边，你大哥造的新房就要结顶了，和大哥商量一下，租一层改造一个教室，明年秋季扩班教室问题就解决了。""我也是这样想的，阿哥自家人，这个困难肯定会帮的。"汤有祥答道。

1987年，郑银凤的二哥郑文梅给学生上物理课

1987年，上墅乡毛竹加工私营企业发展如雨后春笋，要求安装电话的企业也越来越多，郑银凤就为这些企业一家一家

造安装电话的预算，碰到一些地形复杂的路段，她常常要到现场查看，哪里要竖几根电线杆，大约拉多长电线，做到心中有数。一次，距离乡邮电所两公里的罗村东黄山的一家竹器厂要装电话，按照郑银凤的预算是从45号电线杆拉到厂里比较近，而安装电线杆的工人却认为从44号电线杆拉过去近，不管郑银凤如何解释45号杆可以近50米的缘由，安装工人始终坚持自己的想法。最后，郑银凤对他们说："在所里争论没有用，到现场察看再定。"工人们觉得也是，然后郑银凤和大家一起到东黄山现场勘察，最后工人觉得45号杆拉到厂里是对的，不得不佩服郑银凤预算得精准！

毕竟还在上班，郑银凤主要的时间和精力还是在单位。但是自从汤有祥办了学校，作为妻子，郑银凤不得不时常分心，其中办学资金是郑银凤帮助丈夫考虑最重要的一块。学校资金在郑银凤的管理和运作下，到了1988年，建造教学楼时期欠下的外债终于还清了。那时，全国各地公办学校为了解决资金困难，也纷纷破墙开店、创办了商场和校办工厂。这时郑银凤也开始考虑能不能从其他途径为学校集资？

每晚，安顿好学校的事差不多过了10点。

"夜半三更哟盼天明，寒冬腊月哟盼春风……"那天晚上11点了，郑银凤巡查完寄宿在村民家的学生宿舍，哼着喜欢的歌曲，跨上了邮电所宿舍的楼梯，前脚进房间，汤有祥后脚就到。一进门，汤有祥就说："我认识的一个司机叫朱祝文，他近几年在开孝丰到德清的中巴招手车,他告诉我,这辆中巴车的老板家里发生变故,现在他们要转让这条线路和车子。中巴车17座,加上转让的长途线路费,大概要六万元。朱师傅给我算了一下,说这趟车每天营业额在500元左右,除去司机工资、汽油费、养路费、年检费、保险费等成本费用,一天净收入也有近200元,朱师傅建议转给我。""好呀,我也正在考虑学校要搞一点创收,不然学校要办点事经常借钱也不行。虽然六万元钱有点贵,如每天有一两百元的净收入还是合算,一年下来,就可以把借车子的钱还掉,资金周转快。另外学校从杭州请的老师来去接送也更方便了。"郑银凤心里盘算的速度很快,一下子将中巴车的成本、收益算得明明白白。

改善接送老师的条件,一直是银凤希望要解决的问题。

上墅私高教师增加到25位,其中23位离退休教师是在杭州市教委的支持下,在两年时间里,汤有祥到省城一家一户上门先后请来的,全是大专以上国家一级至三级教师。郑银凤心里明白,当时汤有祥请这些优秀教师时花了不少功夫,有的退休教师开始也不愿意离开杭州,认为好不容易退休,可以在家颐养天年了,但在汤有祥"三顾茅庐"精神的感动下,后来才愿意来山乡发挥余热。所以在郑银凤心里,这些离退休老教师,就是上墅私立高中的宝,应该分外珍惜。生活上全由郑银凤给予关心和照顾,但是由于学校条件有限,23位教师挤不进学校教学楼有限的教师宿舍,绝大部分教师只能借宿在村民

师母

家里。到村民家落实住宿都是郑银凤一户一户去安排的,还和汤有祥的哥哥商量,腾出新房,给教师当宿舍。尽量把老教师的房间安排得干净、安静和安全。为了老教师能吃好,郑银凤让食堂每天每餐四菜一汤,免费用餐。逢年过节还要加菜、加酒。由于没有杭州到上墅的直达长途车,学校放假,他们回杭州家里或来上墅上课都要搭乘杭州孝丰间往返的车,在距离上墅最近的刘家塘车站上下车。刘家塘距离上墅七华里,郑银凤不仅和汤有祥一起接送杭城教师,而且每次来去的交通工具都由她安排。由于叫不到汽车,只能叫村里的拖拉机接送。一辆拖拉机最多载八个人,办学初期教师少,一辆车接送可以,现在有23位杭州教师了,起码要三辆拖拉机。由于拖拉机座位是两边的铁架,冬天冷、夏天热,郑银凤怕老师坐得不舒服,特地准备了毯子,交给司机,铺在座位上,还再三关照司机:"都是老教师,车子开慢一点。"如碰到刮风下雨,郑银凤怕拖拉机不安全,想叫中巴车接送,但是常常叫不到,也只能让老教师避过大风大雨再回杭城。看到省城的老教师为了支持上墅私立高中的发展,来回劳顿,悉心执教,郑银凤心存歉意。有时汤有祥因教学事务抽不出身接送,就由郑银凤一人接送。送教师的拖拉机到刘家塘村车站后,常常就开往别处去做生意了,郑银凤目送老师们上车后,就自己独自步行回到上墅。

杭城来的老教师们都很感激汤有祥和郑银凤对他们生活上的细心照顾,亲切地称郑银凤为"汤师母"。听到老师们称郑银凤为"汤师母",汤有祥心里也很感动,也开始在公众场合称妻子为"汤师母"。

"师母"两字在银凤心中有山之高、水之洁的含义。在上墅乡,年纪大的都叫郑银凤为"小郑",年轻的都称她"郑阿姨"。而这些老教师年龄都比郑银凤大一辈,当第一次从这些从事教育工作一辈子的优秀老教师口中听到"汤师母"三个字时,郑银凤心中不只是感动,而更多的是责任。郑银凤觉得"在生活上照顾好这些老教师是自己应该做的事"。如果现在学校有了中巴车,那么接送教师更方便,更安全了,这正是郑银凤心中的夙愿。

汤有祥还告诉妻子:"现在长途车子线路管得很紧,一般申请不到的。"郑银凤心想,物以稀为贵,申请不到说明这件事更应该去做,便说:"这样更值得把中巴车转过来,要不让朱师傅也一起过来,省得另外再请司机。"夫妇俩就这样有商有量地决定了这件事。

夫妇俩的月收入都是郑银凤管理,除了平常的生活开销,其余的钱都为学校所用,自己没有积蓄。外债暂时是没有了,但是学校的财务上也只有几千元钱,现在要买下这中巴车和长途线路,起码还缺五万多元。银凤责无旁贷,又承担起向乡里乡亲借钱的事。

这次借钱很顺利,顺利到连郑银凤也觉得出乎意料。

其实这是银凤平时为人所致,任何事情都事出有因。

银凤之前借钱还钱讲信用,这是其一。其二,乡里乡亲有困难她总是尽力给予帮助。学生寄宿的村民家里要造房子,没钱,找郑银凤商量,银凤想出两全其美的办法,先将学生寄宿的房钱提前给村民,然后在房租费里扣,这让村民心存感激。银凤说:"别人帮助过我们,我们也要帮助别人!"银凤还常常给困难村民送肥皂、毛巾等生活用品,发动党员为贫困户捐款。

郑银凤的所作所为,乡里乡亲看在眼里记在心里,大家心里都有一杆秤:汤有祥和郑银凤为了全乡的落榜生有书读,不顾自己小家的生活,省吃俭用将钱都投到创办学校上,现在他们有困难,向我们借点钱,我们岂能袖手旁观?所以,银凤很

1988年春假日,郑银凤(后排右四)和学生在莫干山合影

快将五万多元的借款筹集到了。

中巴车和长途线路买下来了,这样19岁的朱祝文也成为上墅私高第一位校司机。

正如朱祝文向汤校长所介绍的那样,自从买下了中巴车和长途线路后,第一个月从孝丰和德清来回载客的运行,营业额就达到近一万元,还省下了接送杭州教师的钱。这让郑银凤也尝到了"双赢"的甜头,她深深地感觉到,办私立学校确实困难,但是办法总比困难多,有时找到好的解决办法,可以一下子解决好几个困难。

第五章 风雨同舟（一九九〇—一九九七）

第五章 风雨同舟

一

有了一年多中巴车运行的收入，还清了5万多元的借款。上墅私立高级中学虽然有时还是要借债，但是由于资金周转快了很多，所以不像以前，财务上的债务记载老是挥之不去。

尽管财务有时没有赤字，但只是暂时的，一旦当学校的基建项目开工，还得要借钱或贷款。即便这样，郑银凤心中也没像之前那么慌了，由于掌握了学校资金周转的规律，所以，当财务稍有积累，她就会告诉汤校长，让汤校长及时添置教学设备。看到学校财务上的变化，郑银凤心里很高兴。

为了学校的发展，汤有祥和郑银凤在生活上还是保持勤俭节约的习惯，汤有祥一人出差带干粮，甚至睡码头、车站；郑银凤则操持着全家节衣缩食的生活，那时上墅镇上没有服装店，两个女儿的衣服基本都是扯块布料请裁缝做，大女儿穿过

的衣服,让小女儿穿……能省就省。把生活费省下来补贴给学校。

上墅私立高中在创办了六年,沐浴了阳光春风,得到政府和有关单位及个人的支持和帮助,但也遭受了雷电风雨,其间多次发生危及学校生存发展的风波,尤其许多办学道路上相关的政策问题,让汤有祥困惑不解。夫妇俩商量,决定抽个时间去拜访一下上海的教育专家,请他们指点指点碰到的困惑。

1987年,郑银凤和汤有祥在上海外滩合影

1990年的春天,郑银凤利用休息时间,陪同汤有祥一起去上海,登门拜访上海教育家、上海市教育局前局长吕行伟先生,请吕先生指点迷津。在吕先生家里,汤有祥讲述了办学经过及现状,请教吕先生:"私立学校一直没有很好地得到政策上

的支持,在今天的中国有没有发展前途?"吕先生说:"新中国成立前私立学校是主力军,现在的中国处于改革开放初期,更需要私立学校。前进道路上的困难是暂时的、难免的,你们要有信心办下去!"吕先生的话无疑给了汤有祥办校的支持和信心,让郑银凤心中也明亮了许多,因为上墅私立高级中学是新中国第一所私高,没有先例,发展必定会有磨难,过去有磨难,将来还会有磨难,这是正常的。

从吕先生家里出来,汤有祥和郑银凤心中的疑虑消除,坚定了把学校办下去的决心,对未来充满了希望!回安吉的长途车已经没有了,两人舍不得花钱住像样一点的旅馆,就找到一家防空洞改建的地下招待所住了下来。地下室阴暗潮湿不透气,连洗澡的浴室也没有,但是夫妇俩心中不以为意,满心回荡着吕先生暖暖的话语。

一天,汤有祥和妻子商量要不要扩建学校宿舍。郑银凤认为:"社会需要是私校发展的硬道理。学校决定要办下去,学生只有越来越多,更何况不是每家村民都可以让学生寄宿的,目前村民家寄宿已经满负荷了,要扩建宿舍,校园范围内那90平方米的地基不能动,迟早要造教学楼的,其他也没有可以造校舍的地皮了,但校园边上你舅舅家还有几分菜地还可以动动脑筋,要不我冉去找你舅妈商量?"

关于汤有祥舅舅家的菜地,在1984年造校舍时郑银凤曾出面和舅妈商量过,用自家的自留地置换过一次。现在还有三

分菜地在校园的边上，折合占地面积约200平方米，造150平方米的宿舍不成问题，和上次建校时一样，夫妇俩决定用自家的菜地和舅妈家的菜地置换。

1991年春，下班后的郑银凤和汤有祥为建学生宿舍，整理安放建筑所用的木材

郑银凤和丈夫盘算了一下造学生宿舍的资金，说："扩建宿舍的资金靠中巴车运行的收入是不成问题的，眼下首要解决的是造校舍的地皮问题。我出面和舅妈去商量。"

这次舅妈比较爽快地就答应了。

1991年春夏之交，建筑面积150多平方米的五间宿舍开始动工。这次新造的五间宿舍，每间可以住12个学生，五间共可以住60位左右的学生，这样学校安排高三年级的女同学住在新造的宿舍，其他年级的女同学和所有男同学还是借住在村民家中。

1991年12月，时任全国人大常委会副委员长、民进中央主席的雷洁琼在人民大会堂亲切接见民进会员汤有祥

1992年2月23日，星期天，正值学校上课。午休时间，距离学校7.5公里的上墅乡长坑坞山上突然燃起了一片火光，汤有祥得悉山林起火，心想：保护山林，人人有责！他立即组织100多名师生，带头跑步奔赴火场。

山风呼啸，火势越来越猛，在汤校长的指挥下，百名师生排成一字长阵，用松枝奋勇扑打熊熊燃烧的火带，经过四个多小时奋不顾身的激战，终于扑灭了大火，上千亩的生态林保住了，但扑火的师生中有的头发和衣服被烧焦了，有的手脚被山

师母

1991年12月，时任民进中央主席的雷洁琼为上墅私立高级中学题写校牌

上的荆棘割破了……

汤有祥和师生们在山上勇扑山火的时候，休息在家的郑银

第五章 风雨同舟

凤心中担忧着他们的安全。她赶到学校，安排食堂后勤人员，为扑火下山的师生们烧好了喝的开水和洗澡的热水，还烧好了热腾腾的饭菜以及面条和炒年糕等，犒劳归来的师生。

上墅师生勇扑山火，保护生态林被传为佳话。3月12日，县森林防火指挥部和乡政府向学校赠送了一面锦旗"教育有方育新人，勇扑山火传佳话"。上墅私立高级中学教书育人的口碑也随之越来越好。

1992年暑假，汤有祥出席全国民办教学工作会议回来，对郑银凤说："汤师母，这次开会，山东教育界的朋友告诉我，随着中日贸易日益发展，现在社会上日语人才很稀缺，山东有些高中已经纷纷开设日语专业，所以我想能聘得到日语教师的话，也办一个日语班。""学校教学要服从社会需要，办日语班是不错的主意。但如果再办日语班，没有教室了。"郑银凤答道。

对于妻子的回答，汤有祥心里很清楚，1990年后，学校一直稳定在六个普高班、三个高复班，九个班级在学校里只能安排普高，还有两个普高班租用汤有明的房子，三个高复班安排在文昌阁的仓库。如果再扩班，就没有地方安排教室了。汤有祥对妻子说："计划明年秋季要办日语班，没有钱也造教学楼。""既然这样，今年就要抓紧开工建造，我想办法筹措基建资金。"

秋季，这边60位女学生搬进了校园的新宿舍。那边，原本留着90平方米地基建造第二幢教学楼也开始施工。

师母

学生总共要近400人。有300多学生住在村民家里,和村民之间的纠纷还是难免发生,所以银凤夜巡的任务也有增无减。

有一次晚上,两位夜自修结束后的女学生回到了借住的村民家里。走进房间,一位女同学打开电灯,突然发现自己床头的梁上盘缠着一条大蛇,吓得大叫起来。听到叫声,那蛇就游走了。两位女同学被蛇惊吓得一个晚上也没有睡好觉。第二天,女同学和房东说了房间里有蛇的事。房东不以为然地说:"家蛇不会咬人,没有事的。"过了几天,一个晚上,那蛇又出现在房间,两位女同学赶紧找来男同学,把蛇打死了。家蛇被打死,房东生了气,他认为,家蛇进门是五福临门,不仅不可以驱赶,更不可打,现在学生竟然将家蛇打死,家里会倒霉,于是怒气冲冲找到郑银凤,不想让学生继续寄宿。

郑银凤一边向村民道歉,一边解释说道:"打死家蛇是学生的错,但是打死家蛇会倒霉是迷信。反过来想想,如果蛇爬到你女儿的房间,你女儿也会害怕的。"那村民听了郑银凤的话,想想也对,也就打消了顾虑,同意让学生继续寄宿。

1993年暑假,校园内占地面积约90平方米的第二幢三层教学楼竣工,建筑面积共约220余平方米,一楼到三楼各有一间50多平方米的教室和一间20多平方米的附房,一楼和二楼的附房分别安排了学校厨房和教师办公室。

暑假期间,为创办日语中专班,汤有祥从山东招聘了日语教师，秋季首届日语班招生九位，虽然学生少，但开创了上墅私立高级中学日语中专班的先河。首届日语班九位学生的教室，暂时安排在新造的教学楼三楼附房。

二

1993年，郑银凤又了解到安吉农村可以装程控电话了。程控电话与之前的普通电话相比，具有速度快、业务功能多、声音清晰等优点。二十世纪八十年代末和九十年代初开始才在大中城市使用。

程控电话的核心要装程控电话交换机，它以预先编好的程序来控制交换机的接续动作，也称为程控数字交换机。那时国产的程控电话交换机还不多，大多进口，一台日本富士通产的500门F150程控电话交换机，竟要50万人民币！两年前装直拨电话一万元，已经成为各个乡镇邮电所的门槛，两年后50万元更是天价！

当安吉全县各个乡镇的邮电所面对50万的巨款望而却步的时候，郑银凤又一次站了出来。

银凤站出来是心里有底的，她得到装程控电话交换机的信息后，已经细细地盘算过了：说是50万元，其实所里不需要拿出50万元，因为政府对装程控电话也给予了支持，进来的电缆线是赠送的，价格也在50万元里；同时，款项也不需要

一次付清,首付款在所里积累中可以支付,其余款项可以通过在用户改装电缆线的利润中逐步支付。

这样,在郑银凤的努力下,上墅乡成为全湖州市第一个安装程控电话交换机的乡镇。由于安装程控电话机需要有一个专门的屋子,郑银凤便腾出了一楼全家居住的宿舍,搬到了二楼中间原本放材料的一个房间。

1993年,郑银凤去安徽广德出差

500门电话,受益于上墅乡机关、村及企业,大大加快了山沟沟和外界的信息交流。

装了程控电话后,电话多了,通话费加上电话号码月租费,上墅乡邮电所的营业额大大增加,一年时间,邮电所财务不仅还清了购买程控电话交换机的款项,很快又有了积余。

无意之中,上墅乡邮电所为全县乡镇邮电所安装程控电话交换机树立了典范。

"上墅乡邮电所的郑银凤肯动脑筋!能干!郑银凤是我们的领头羊!"

在安吉县邮电系统,郑银凤是一个有感召力的名字。

三

被誉为新中国第一所私立高级中学——上墅私立高级中学一晃走过了八个春秋,作为民营学校的领头羊,上墅私高用自己的教学成果证明了自己对社会的贡献,尽管支持中不乏阻拦、赞扬中还有质疑,但社会的需要决定了它的存在,到二十世纪九十年代初,市外、省外的落榜生到上墅私立高级中学就学络绎不绝。

上墅私立高级中学在有限的空间里,多年保持12个办班规模,现在依据社会的发展需求,上墅私高需要扩到20个班级。但限于现在学校的面积,如果要扩班,就要另外择址建

新校。

为了在上墅乡找到一块适合建校的地皮,郑银凤和汤有祥一起,一有空就骑车到全乡各个村去寻访,花了很多天时间,勘察了程家村、田圩村、刘家塘村等村,找不到一块适合建校的地皮,距离上墅集镇近的村,有田无地,征用稻田建校是不允许的;距离集镇较远的则是偏僻的山坡,山坡也不适合建校。怎么办?汤有祥从小受母亲"黄金地段出黄金"的教诲,于是对银凤说:"要寻找建新校的地方,递铺是首选,县城比其他地方更有发展前途。""你妈妈说得对。校址的选择地是很重要的,但是到递铺建新校需要胆子大,如果胆子不大永远走不出山门!学校搬迁到县城递铺也许有更大的发展空间!"其实,郑银凤心里清楚,一路办学走来,她心里也很佩服汤有祥的魄力,她相信汤有祥一定会在县城递铺尽快找到一块建新校的理想之地。

听了郑银凤的话,汤有祥择日到递铺县规划局了解县城未来几年的规划情况,规划局沈伟忠科长拿出了递铺镇的规划图,介绍了未来几年县城郊区准备开发的地块。

汤有祥的目光停留在递铺南郊丰食溪乡浒溪河边的一块70亩左右的地皮。现场察看后,看到这是一块沙滩地,村民种了一些零星的桑树,由于土质问题,桑树也长不好,现在政府规划出让这块地皮,心想:这块地皮建校还是很适合的。

汤有祥回来后,立即把在递铺相中的地皮告诉妻子,这正是郑银凤意料中的事,她相信丈夫的胆略和眼光,一定会在递铺找到一块理想之地。郑银凤说:"这地方现在还没有单位进驻,我们率先进去,没有人和我们来争,价格就便宜。再说这是沙滩,基建沙子也可利用一些,可以省下一笔钱。"

初步匡算了一下,学校搬迁县城,在三四年内完成基建任务,第一期工程在70亩的地皮上建造30个教室、办公室等配套用房,第二期工程造两幢学生宿舍楼,两期工程大约需要基建资金500多万元。

500多万元是一笔巨款!学校借债过日子还未结束,现在又要造新校,资金巨缺又横在了汤有祥和郑银凤的面前。汤有祥和郑银凤都觉得上墅私中从山沟沟走向县城,这是学校发展史上的一个转折点,资金困难再大,也要想办法解决。

郑银凤在集资中,首先想到的是六年前花了六万元买的中巴车和长途运输线路。

她向丈夫建议:"有祥啊,造新校要这么多钱,心里还是有点慌兮兮,但是有了这十年办学经验,筹资困难应该也能解决,地皮买下来要钱,买下后基建要钱……我看先把中巴车和线路转让卖掉算了。虽说中巴车这几年创收已有四五十万,但是现在学校要搬迁,事情多,忙不过来,顾不上中巴车经营,所以现在转让也正是时候。"

一路办学,夫妇俩难免争议,但是基本上都是小事,凡是大事两人出奇得一致。汤有祥决定的大事,郑银凤基本不管,

师母

而郑银凤在办校关键时刻的建议,汤有祥总是接纳,这绝不是丈夫怕老婆,而是彼此之间的信任。因为在汤有祥心里,妻子的想法要么和自己一样,要么是想到了是自己没有想到的,但听了后觉得很有道理,在实际操作中对解决困难确实起到了很大的作用。这次妻子提出转让中巴车,汤有祥觉得也是不得已的事,便点头同意。九十年代中期,长途运输线路还是很紧缺的,所以尽管车子还是那辆车子,线路还是那条线路,六万元价格还是那个价格,社会上很快有人买下了中巴车和线路。

四

在递铺建校初步规划第一期工程——造30个教室和一幢办公楼,建筑面积约3000平方米,起码需要数千立方米的木材。

1994年,木材市场匮乏,加上学校资金短缺,于是夫妇俩决定继续就地取材,到上墅、孝丰、白水湾等乡镇的山村去买。上墅建校时木材都是汤有祥去买,但现在他一边要管理学校,一边又要抓递铺新校的工程建设,实在忙不过来,当年秋冬开始,郑银凤就利用晚上下班时间,担当起买木材的事。

买木材一是选材,二是谈价格,三是运输。挑选怎样的木材,郑银凤是外行。一下班,她就带了木匠何海荣骑着自行车,爬山越岭,奔波在远近山村。进村后,一家一家地询问:

"有没有木材卖？"如果有，郑银凤和何师傅由村民带到承包山上看有没有适合的树木，看上适合的，就丈量树木的尺寸，当场要定价格，碰到爽快的村民，价格容易谈成，如碰到计较的村民，还要讨价还价。定好价格后，郑银凤和木匠就回程，等卖家砍下树木后，再进山运木材。有一天晚上，郑银凤骑车和何海荣去15公里外的孝丰山村，挨家登门订购木材，打道回程已是晚上11点多了，由于天黑，看不清楚崎岖的山路，郑银凤重重地摔了一跤，好在只是皮肉之疼，没有摔伤骨头。

　　运木材租用当地的拖拉机。郑银凤接到卖家通知后，再次和何木匠一起押车进山上门付款，运回木材。运木材的拖拉机上有三个人：驾驶员、郑银凤和何木匠。驾驶员边上只可以坐一个人，让郑银凤坐，有时山路小，木头不能横放，这个座位就不能坐人，郑银凤就要和何木匠一起坐在装满木材的拖拉机上面。那时勉强可以通车的公路路况不好，又窄又高低不平，人坐在木头上摇摇晃晃很危险，如果刮风下雨，又要盘山越岭，危险系数极大，万一掉进悬崖，后果不堪设想。有一次，郑银凤和何海荣去白水湾村装木材，回程到递铺有十公里，时已天黑，车子开了七公里后到了城南村，由于正在修路，车子开得很慢，拖拉机在狭窄的路上颠簸得厉害，开到一半，拖拉机的一个轮胎陷入泥潭，无法前行，无奈之中在附近叫了村民前来帮助，才把拖拉机推出泥潭。时间已超过晚上12点，汤有祥发现妻子还没有回到递铺，心里急了，那时没有移动电

话，音讯全无，汤有祥一边用电话寻呼到郑银凤随身带的 BB 机，一边派了两路人，在回程的两条道路上沿路寻找，也没有发现。此时，郑银凤已在 BB 机上发现了丈夫焦急寻找的信息，无奈没有电话可以告知汤有祥。直到凌晨两点半，拖拉机将木材运回递铺工地，汤有祥才见到了被拖拉机震得腰酸背痛的妻子。

有了这样的经历，万一碰到天气不好，汤有祥就不让妻子进山运木材，自己亲自出马。

有一次下雪天，要去山川乡九亩村运木材，这条路坡陡崎岖。汤有祥怕妻子去督运不安全，便亲自上阵。当汤有祥坐在装满木材摇摇晃晃的车子上，凭借微弱的雪光，看到路边的悬崖，心提到了嗓子眼上："亏得不让银凤来，太危险了！"汤有祥心里默默地说。而在家的郑银凤也焦急地等待着汤有祥的归来。

递铺那边开工后，去山村订购运输木材的频率很高，在长达数月的日子里，郑银凤为订购木材常常摸黑回家。数千立方米的木材基本上都是郑银凤去采购并督运回来的。

两个女儿都已长大成人，分别在杭州和大连上大学，所以郑银凤的休息时间基本上都可以腾出来辅助办学。但作为乡邮电所所长，郑银凤还是把本职工作放在第一位，一如既往，兢兢业业，坚守好自己的岗位。

自从程控电话在乡里铺开后，用户也越来越多，收取电话费是一项琐碎而必须要做的事。电话费基本上是一个季度收一次,凡是在乡集镇所在地的企事业单位,每天的报纸都是郑银凤去送的,电话费也顺便可以收取,但是远离集镇的建制村有近十个,所里虽有专职投递员每天投递报纸,但投递员不是邮电所的编制,所以不能托付他去收电话费,必须要所里在编的人上门收取。所里就这么三个人,相根负责外线施工也没时间,林美娇因身体一向很弱,不适合进山村奔波,便安排在所里值班,收费的事责无旁贷地落在了所长郑银凤自己的肩上。

上墅乡的12个村就像长长的带鱼一样分布在丘陵之中,远离乡集镇的有龙王、东坞、西坞、董岭这四个村,其中董岭村最远,要35公里。由于没有公交车,为了省钱,郑银凤不叫车,每次去都要拦前往的拖拉机。到了那里,有时队长(村长)不在,还要村东村西去找。到距离远的村落,忙完已近傍晚,没有回程的车,偶尔只能寄宿在村民家中,第二天上午才能回到所里。郑银凤人在外,但心里挂念着所里和学校的事。这样的收费一直做到1998年6月底郑银凤退休为止。

五

1994年春,递铺浒溪河畔的基建工地热火朝天拉开了序幕。

"基建在范潭村,我们要重视和村民们的关系。"基建之

前,郑银凤就提醒汤有祥。为了让村民可以在家门口赚钱,夫妇俩决定将运输砖头、水泥、黄沙等基建材料的事让村民来做。

新校打围墙的基建工程在汤有祥的指挥下开展。按照原先的商定,汤有祥就让村上开拖拉机的村民来运输建筑材料。

大部分参与运输的村民都是循规蹈矩的庄稼人,但也有少数人在运输材料时缺斤短两,工地上负责基建材料卸货的工人发现了这样的现象,便向校长汤有祥反映。汤有祥觉得,基建刚刚开始,围墙还没有打好,就和运输的村民去说事,弄不好就吵起来,这样会影响工程的正常进行,过段时间再说。

回到家里,汤有祥和妻子也说了此事。郑银凤对丈夫说:"假如学校有钱也不能这样损失,更何况现在是借钱造房子。你说得对,现在去和这些村民说理确实不是时候,要等围墙打好再说。如果真要和村民论理,还是我出面比较妥当。你事多,火气大,就别操心了。"面对棘手之事,郑银凤总会为丈夫担当。

围墙打好后,校舍的地基工程开始,范潭村参与运输建筑材料的拖拉机逐渐增加到二十多辆,最多时三十多辆,缺斤短两的事也愈演愈烈:在运黄砖途中,有少数拖拉机司机(村民)在运输中将车上的黄砖卸掉200块,去换取香烟、老酒、午餐;运黄沙时只装大半车算一车的钱……

工地负责卸货的工人实在看不下去,便打电话向郑银凤反映了这样的情况。

第五章 风雨同舟

郑银凤抽了一个休息日，便从上墅赶到了递铺工地。

短斤缺两的司机，就这么几位。郑银凤一到工地，负责卸货的工人就当场把一车拖拉机少了两百块黄砖的司机叫住。郑银凤说："学校基建请你来运输，当时都讲好，黄砖和河沙等建筑材料都按装满一车多少立方来算。你黄砖不装满，按照原定一车的价格算是不行的。"那司机不承认自己运输的黄砖少了，口气还很强硬："我运一车，你们就要给一车的钱。"

"那我们就按照清单，砖头一边卸，一边一块一块地给你数！按照立方算，一车黄砖有2000块，你的车上有多少砖头，就按照实际数量付钱。"郑银凤说。

"如果你们要这样较真，我们村上的路就不让你们学校的车子过。"那司机用狠话威胁。

"所有的路都是天下的，你们不让通行，只有将路建到你们自己家中。现在学校搞基建，尽可能将一些运输黄砖、河沙等建筑材料的活让给你们干。你们有钱赚，这也是对你们的照顾。"

总算，在郑银凤的说服之下，那司机当场认了自己的过错，但是事后又耍花招来为难学校。

有一次汤有祥乘坐的汽车从基建工地回上墅乡，那司机就不计汤有祥的车子通过村上的水泥路，幸亏好心的村民，用摩托车带路，绕过田埂，才开回上墅。

处理拖拉机运输缺斤短两的事很棘手，不是一次两次就能

解决的。今天处理好村民"张三"开的拖拉机少了几百块黄砖的事，过几天，村民"李四"开的拖拉机将半车的水泥硬要当一车水泥的钱来算……。

这样，郑银凤只好两次、三次……到工地现场和开拖拉机的村民论理，有时个别不讲理的村民就把拖拉机横在路中央，威胁郑银凤："不让其他运输的车辆通行！"这时，郑银凤只能向公安交警求救，来现场处理。这些不讲理的村民因为不懂法就胆子大，但想不到郑银凤会叫警察。经过警察的教育，不讲理的村民也开始明事理了，逐渐知道了自己的过错。

郑银凤先后不下五次到现场处理运输建筑材料中和村民的纠纷。在郑银凤有理有据有节的多次处理下，村民也反思了："这些运输活本来也轮不到自己，是学校在照顾我们，才让大伙做的，现在非但不感谢，还要'一而再再而三'做对不起人家的事，实在是不应该呀。"

这样，爱缺斤短两的村民（司机）改正了自己的不轨行为，还和郑银凤交上了朋友，大伙都称郑银凤为"汤师母"。

六

从1985年在上墅建校舍借债三万元，到现在移址县城借债近500万元，十年间，夫妇俩又进入了新一轮借债过日子的生活。好在500万元的投入横跨了从1994年第一期工程开始到

1997年第二期工程结束，资金投入分散在四年中。所以每年都要借款，500万元中，约有100万元是汤有祥出面借的，其余约400万元是郑银凤借来的，借主有单位也有个人，最大额几十万元，最小额只有几千元。每一笔借款，都由郑银凤入账。这段时间，每逢白天借到款，到了晚上，郑银凤就要在灯下一一记下借主、借款金额、利息计算、借款时间、还款时间、经办人等，一笔也不能含糊。账单上债主（单位）逐渐飙升到近百人（单位），每每看这些账单，郑银凤的心中充满了感恩："这是乡里乡亲们的血汗钱！这每笔钱都渗透着大家对私立学校的支持！再困难也要如期归还。"

由于资金的紧张，学校基建材料的费用能省则省。

一天，汤校长接到上海一家私立学校校长的电话，得知该校因改造教学用房，有一批旧教室拆下来的钢窗可以送给上墅私立高中。这对因办学资金困难的汤有祥和郑银凤来说，真是雪中送炭。在决定择日去运送钢窗时，郑银凤还不放心，这批钢窗的尺寸是不是适用自家新建的学校？如果不适合，运回来不仅不能用，还损失了时间、运输费，欠下了人情债，得不偿失。郑银凤决定安排调休，随汤校长去上海一趟，一是自己要亲自量一下钢窗的尺寸；二是万一用得上，也不能白拿别人的东西，带上一点钱，支付费用。

汤有祥和郑银凤乘坐的货运卡车到了上海学校，看见拆建工地上已经堆放了一大堆拆下来的钢窗，趁汤有祥会见对方校

长之时,郑银凤丈量起钢窗的尺寸,钢窗有八成新,而且尺寸适用新建的学校,便清点起来,共有100多扇钢窗,正好可以满足一幢教学楼的使用,可以省下数万元基建费。

等汤校长和对方校长来到拆建工地,汤师母随即从包里拿出钱向对方校长表达感激之情,那校长对汤校长和汤师母说:"这批钢窗本来要作为废品处理,加上搬运费,也卖不了多少钱,现在汤校长正好用得上,那我们求之不得,所以不需要一分钱,你们拉走就可以。"

新中国第一所私立高级中学自1985年春在《湖州日报》报道后,上海《文汇报》转载了此消息。之后上墅私立高中

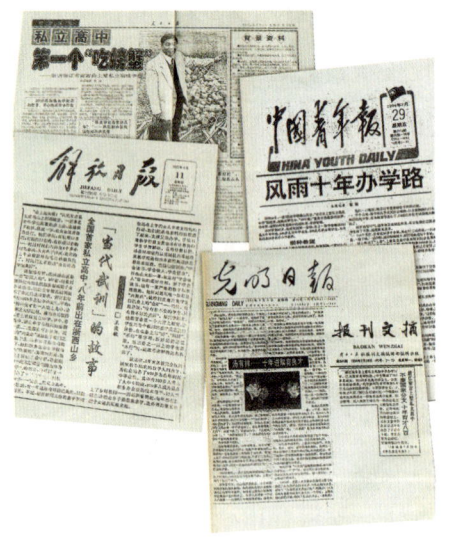

二十世纪九十年代初,
部分媒体对新中国第一所私立高中的报道

第五章 风雨同舟

不寻常的办学之路吸引了新华社、《人民日报》、《光明日报》、《上海教育报》、《经济参考报》、《解放日报》、《中国青年报》、《浙江日报》、《钱江晚报》、《澳门日报》等全国大小新闻媒体的关注，纷纷来上墅采访报道。因此，位于山沟沟里的上墅私立高级中学经10年的办学已名闻遐迩，远扬海外。

1995年春，汤有祥接到通知，日本《朝日新闻》的记者准备5月3日到上墅私立高级中学采访，这是学校创办以来第一次接受外国记者的采访。郑银凤翻箱倒柜也没为汤有祥找出一件像样的服装，为了接待日本记者，本不喜欢上街买衣服的郑银凤利用星期天，陪汤有祥一起骑自行车到孝丰镇上去买衣服。跑了几家商场和服装店，看到中意的西装一套少则几百元，多则上千元，两人都舍不得买，最后挑了一套最便宜的化纤料子的西装，花了90元。这是汤有祥有生以来第一次穿西服，尽管衣服后来被烟蒂烧了洞，但也舍不得丢。

1995年暑假期间，递铺新校建筑面积9013平方米的教学楼竣工，第一期工程包括30个教室和办公室、图书馆、实验室等，还建造了1000平方米的食堂和300平方米的厕所，配套设施基本齐全。一个400米、8跑道的国际标准运动场也已经施工一半。

按照汤有祥和郑银凤的计划，现有六个普高班、两个日语班、一个高复班，共九个班级，占用教室只有九个，多余21个教室可以暂时作为学生的宿舍。1995年秋季，400多名上墅

私立高中的学子走进了递铺的新校园。新校来不及建造教工宿舍，二十多位外地老教师还需要早出晚归，借住在上墅村民家中。汤有祥由于学校管理的需要，平时晚上就睡在办公室。

汤有祥忙于新校的建设，年老体衰的母亲在上墅由郑银凤照顾，二十多年，婆媳从未红脸，亲如母女，直到老人家1995年秋季因病逝世，享年86岁。

婆婆离去，郑银凤心情和父母去世时一样悲伤，她又一次默默地拿出了那个记事本：在父亲和母亲的生卒页面上，添上了："婆婆陈和英生于1910年卒于1995年8月20日"。

为了尽快免除老教师早晚在县城和上墅乡之间的奔波，学校的基建马不停蹄，开始了第二期基建工程：建造3号和4号两幢学生宿舍楼，每幢建筑面积为2304平方米。3号学生宿舍楼于1996年夏天竣工，学生宿舍楼有空余的房间，可以让教工暂时住在学生宿舍楼。秋季开学，老教师们也从上墅搬进了递铺新校的学生宿舍楼，虽然学生宿舍楼卫生间是公用的，但比住在村民家里和每天早出晚归省事了许多。

4号学生宿舍楼还在建设中，基建不停，郑银凤到山村采购木材也不停。

乡邮电所旁边有一块空地作为递铺学校基建门窗的加工地，郑银凤将买来用作门窗的木材囤放在此加工。由于地方不大，为了腾出加工木材的场地，郑银凤要将横七竖八的木料进行整理有序堆放,用柔弱的身体抱起笨重的木头,从此地搬到彼地,乐此不疲。想到学生们和老师们先后进了新校园,郑银凤什么辛劳都忘得一干二净!

上墅私立高级中学日语专业教学走过了四个春秋,从首届九位学生发展到三个日语班、一个双语班(日语+英语)200多位学生。为了提高日语和英语教学的质量,汤有祥四处招聘高质量的外语教师。

1997年秋,日籍专家水野健先生走进了上墅私立高级中学任教,他是全安吉县第一位外籍教师。还在上墅邮电所上班的郑银凤得知水野健先生来学校执教后,关照汤有祥:"日本教师到我们学校任教,可是第一位啊!我们在生活上要多加关心哦。"

为了让水野健先生融入中国人的生活,感受中国人的友好,郑银凤碰到亲戚朋友聚餐,便提醒汤有祥一定要邀请水野健先生参加。水野健先生性格随和,很乐意接受汤校长和汤师母的邀请。每逢学校放假,其他教师都回家了,郑银凤怕水野健先生寂寞,便和汤有祥一起,特地陪同水野健先生到安吉境内的吴昌硕故居、灵峰寺等景点游览。有时夫妇俩都没有空,郑银凤就安排日语班的学生陪同水野健先生去安吉山里游玩,还特地关照学生:"游玩时你们一定要注意水野健先生的安全!""趁陪同的机会,你们不要忘记向水野健先生讨教日

语呀。"

  水野健先生很感谢汤校长和汤师母对他的关心,他把安吉誉为第二故乡,在他眼里安吉山乡的风景与他深爱的家乡农村十分相似,水野健先生在文章中曾写道"空气新鲜得似乎让人觉得美味可餐"。他在上墅私中,悉心执教,两年后获得了浙江省人民政府颁发的"西湖友谊奖"。

第六章 百管部长（一九九八—二○○一）

第六章 百管部长

一

  1998年的元旦一过,郑银凤距离50周岁退休只有半年时间了。从14周岁进邮电所工作,一晃36年过去了,这让郑银凤感慨良多,是邮电所让一位不谙世事的小姑娘一脚踏进了社会,从此,在社会大课堂里,慢慢地学会了如何为人处世、学会了谋生技能……先后成为了职员和所长,也担当起为妻、为媳、为母的家庭角色。在人生的旅途上,郑银凤想不到的是自从丈夫创办上墅私立高中后,她和别的师母不一样,成了辅助校长、管理校园的角色。

  过了6月,就到了退休离岗的日子,临走前那天晚上,郑银凤整理了在邮电所二楼的房间,这房间有她邮电职业生涯的记忆,也有成家后全家生活的记忆。明天就要告别从事一生的邮政生涯,告别生她养她的上墅乡,睡在床上的郑银凤一时难以入眠,内心依依不舍……

　　7月1日上午,退休后的郑银凤走进了递铺浒溪河畔上墅私立高中新学校。

　　郑银凤在行政办公室上班,行政办公室设在第一期工程的教学楼的二楼。和行政办公室连在一起的有招生办公室（驾驶员办公室）。在招生办公室和水野健先生房间的中间有一个办公室,郑银凤到学校后,汤有祥将这个办公室做了夫妇俩的一个房间,面积和两边的房间（办公室）一样大,40多平方米,但没有厨房间和卫生间,便在距水野健先生更远的过道处一个10平方米的单间,改造做了厨房。上卫生间还得要上公共厕所,公共厕所在楼下,要走50多米,半夜解手不是很方便,但郑银凤觉得比之前一家三代五口人挤在邮电所30多平方米的房间好多了。现在两个女儿都在外读书,和汤有祥有自己这么大的居所,她心里感到很满足。

　　说是行政办公室,实际上也是校长办公室和学校办公室的综合。在郑银凤来之前,办公室没有其他专职的科员,汤有祥安排了一位美术教师不上课的时候到办公室帮忙。汤有祥开会、出差、在校园巡视占据了大量的时间,常常不在办公室,来帮忙的老师有课要上,所以办公室的大门也时开时关。自从郑银凤上班后,行政办公室的门总是敞开着。

　　郑银凤在行政办公室上班,既要协助学校的经费问题,又要兼管行政和总务等工作。汤校长外出时,学校但凡有什么事都会找郑银凤解决。郑银凤虽然没有明确的职务,但事无巨细都要管。

郑银凤经历了丈夫办学14年的风风雨雨，虽然没有累得病倒，但身心时有疲惫。现在走进了学校办公室，心想：从此以后，自己和晚年的安逸日子愈走愈远了……

找郑银凤的人不比找汤校长的少，学校上上下下，大家都亲切地叫她"汤师母"。

刚到办公室上班不久，郑银凤就经历了惊险的一幕。

普高班有一位高一年级的新生，在寝室恶作剧，趁同学不在，将小便尿在矿泉水瓶内，并将装满尿液的瓶子吊在床档上……走进寝室的同学发现后，告诉了班主任，班主任觉得这个同学的恶作剧情节比较严重，将此事告诉了汤校长。

这位肇事学生所在班级教室在教学楼的二楼，汤有祥趁同学自修的时候，通知政教处老师过来，将这位学生叫出来，教育一番。

听到汤校长传叫，肇事学生在起身离开座位时，同学们议论起来："汤校长找他谈话，肯定不是好事。""不做坏事，校长不会亲自叫他去。"……肇事学生听到同学的舆论心里就慌了起来。

政教处老师没有到，汤校长便把肇事学生引到没有人的走廊上，正要开口时，肇事学生做了坏事心虚，一时冲动，便从口袋里摸出一把锋利的水果刀。汤校长看到边上没有人，怕发生意外，连忙高喊："汤师母你过来！"行政办公室近在咫尺，

汤师母听到后,连忙快步走去,只见那学生手握水果刀正要向汤校长刺去,说时迟,那时快,汤师母见状就挡在了汤校长的前面,肇事学生看见神容淡定的汤师母时,脱口而出"汤师母"!随即将手中的刀缩了回去。

汤师母的一挡,化解了这场事故,但这件事情由于情节比较严重,汤校长就打电话告诉了学生的家长,家长很快来校,将孩子领回了家,狠狠地教育了一番,才把孩子送回学校,当面让孩子向汤校长承认了错误。

这样的事件在之前办学中从未经历过,这让郑银凤对学生的管理有了更深的认识,学生越来越多,管理难度也越来越大!

学校搬迁到县城后,知名度也与日俱增。

1997年秋,美国、意大利、澳大利亚和日本等四国记者采访团到上墅私立高中采访报道,他们对中国私人办学的成就深感惊讶,赞叹不已。1998年春,中央教育科学研究所确定上墅私立高级中学为教育部"九五"重点课题《面向二十一世纪提高教育质量的研究》实验学校……这些好的迹象,预示学校将进入快速发展的阶段。郑银凤来递铺新学校之前,学校已发展到14个班级,生源来自浙、苏、皖三省。郑银凤到学校后,学校已决定当年秋季扩招九个班级,规模达到23个班级,教职员工也增加到70多人,短短三年,学校规模扩张了两倍。

郑银凤到来时正值繁忙的招生工作开始,学校通过报纸、电视台等媒体做招生广告，公布了两个招生咨询电话号码：一个是校长汤有祥的手机号码，另一个是行政办公室的座机号码。咨询电话多，郑银凤忙不过来，安排了一个同线电话的座机，让美术老师有时间来帮忙接听招生咨询。由于家长问的问题各种各样，座机上的咨询电话基本上都要汤师母回答——

"我的小孩今年初中毕业了，中考成绩不怎么好，公办学校的高中上不了，不知道你们的录取分数线是多少？"

"你们普高班的录取分数线和职高班的录取分数线一样吗？"

"学校住宿条件怎么样？食堂好不好？"

……

"百闻不如一见，你们有时间带孩子到学校来看看，安吉风景不错，顺便来旅游！"

这样的电话很多，每天不知道要重复几次，郑银凤总不厌其烦地一一作答。

学校在发展，基建几乎没有停息，郑银凤到学校时，学校还搭满了基建的脚手架。校舍正在动工建造建筑面积 2468 平方米的教师宿舍楼，房子接二连三地造，郑银凤内心从未盘算过专门为自己小家建造一所宿舍，或者在教师宿舍楼里为自己规划一个套间，倒是希望外地教师能早点从学生宿舍搬到教师宿舍大楼生活，希望学生学习配套用房更趋完善和现代。

朱茂筅和张琴珠夫妇都是湖州市区中学退休的教师，教学

水平很高，1999年秋季，朱、张两教师应汤校长的邀请到上墅私中任教。朱老师教语文，张老师教数学，夫妇俩双双应邀来校，汤有祥和郑银凤心存感激。朱老师来学校任教时，教师宿舍楼（2号楼）已经造好了，共有40套，每套约50平方米，有客厅、卧室、卫生间、厨房间等，设施齐全，水野健先生搬进了教师宿舍楼，水野健先生住的房间成为汤校长的校长办公室。为此，汤校长和郑银凤特地为朱老师和张老师在教师宿舍楼安排了一个套间，生活照顾得很周到。

1999年6月14日，全国人大常委会委员、全国人大教科文卫委员会副主任委员、民进中央副主席张怀西（左二）和民进中央社会服务部部长、著名历史学家李庚其（左四）来上墅私立高级中学视察调研，汤有祥、郑银凤及女儿汤学智和张怀西、李庚其的合影

有一天，朱老师和张老师到汤校长的宿舍串门，想不到汤校长和汤师母住的宿舍是办公室改建的，不仅比自己宿舍小，而且连卫生间也没有。细心的张老师还发现，汤师母挂在房间的卫裤还打着补丁。这让朱、张两位老师感慨万千。有一次，张老师到商场买毛衣时想到了汤师母，便精心挑选了两件绣有红花的黑毛衣，一件给自己，一件送给了汤师母。郑银凤收到了张老师的礼物非常喜欢，平时也舍不得穿，要会见客人时才拿出来穿。

二

范潭村到递铺车站约有三公里，其中一公里多在范潭村境内，也是村民到递铺车站的唯一通道。这是一条泥路，宽三米不到，勉强只能过一辆车，而且高低不平，一旦下雨，汽车行驶在路上，泥浆水四溅，有时轮胎陷进较深的泥潭，轮胎打滑就不能前行。范潭村村民常常买一些沙石料填在较深的坑洼里。

自从1995年上墅私立高级中学搬迁到这里后，范潭村的村领导就找到汤有祥，要求学校为村上填路的沙石提供资助。汤有祥觉得，学校进出也要走此路，便同意了村里的要求。每次填沙石，村领导就会拿发票来报销。

郑银凤到递铺学校后，村领导就直接找汤师母报销发票，

一年下来总要数千元。郑银凤就和丈夫商量:"这条路学校也在走,汽车、拖拉机也越来越多,坑坑洼洼。村里出力填沙石,学校出钱资助,也已经四年了,钱也花了不少,这样用沙石填坑洼,治标不治本,也不是一个长久的办法。"

"县里也希望改造这条路。"汤有祥说。

"县里有这样的想法就更好了,路可以拓宽一点,我们出钱吧,村上出力,干脆浇一条柏油马路。"郑银凤一向做事想得很远,便回答说。

商量定了后,郑银凤就找到范潭村领导,把修路的方案和村领导说了。村领导一听学校出钱浇一条柏油马路,当然求之不得,马上应允。郑银凤先后以学校的名义给了范潭村 16 万元修路。1999 年 6 月,一条宽十多米的柏油马路出现在村民的眼前,结束了村民到车站走泥路的历史。

学校搬迁到递铺四年,年年扩班,学生数量近 1300 人,翻了三倍,第一期工程造的 1000 平方米平房食堂已经不够用了,汤有祥和郑银凤商量决定将一层食堂扩建成三层楼的食堂,由于当时学生宿舍没有浴室,因此一楼附房准备建男女公共浴室,三层建筑面积共 3456 平方米。

为了减少对教学秩序的影响,学校的基建施工尽量放在暑假开工,暑假不到两个月,时间紧,学校就将改造食堂的基建工程书面报告提交县有关部门,并承诺会尽快提交改造食堂的申请报告,县有关部门的领导答复同意学校一边施工,一边提交申请报告。

学校改造食堂的申请报告提交给县有关部门了，虽然没有批下来，为了利用暑假这有限的时间，同时也考虑到领导已同意边施工边提交申请报告，便在高考结束后就开始一楼厨房和学生就餐大厅的基建工程。

9月的一天，有关部门的执法人员来到学校，找到汤有祥，因学校拿不出食堂改造的批准文件，要学校交42万元的违规费。看到这巨额罚单，汤有祥马上回答执法人员："开工前，有关部门同意我们先施工，再打报告，报告也早已提交了，怎么违规了？"汤有祥有点气愤，便当场将违规罚款的42万发票撕掉了。

汤有祥将罚款这件事告诉了妻子，郑银凤说："我们改造食堂是为了改善学生就餐环境，没有错，这42万违规罚款也太离谱了。"

让汤有祥和郑银凤想不到的是，县有关部门因学校违规罚款不交，申请的报告迟迟不批。

过了一个月，有关部门的执法人员又一次来到学校行政办公室，将一张32万元的罚单放在了郑银凤的办公桌上，转身就走。

郑银凤看到眼前又一张巨额罚单，心想：交违规费42万元，现在罚单32万元，总共要74万元，学校改造食堂每平方米造价250元左右，3456平方米总共100万元不到，学校本身

师母

都是借债过日子,这74万元的罚单太高了!再说食堂改造申请报告迟迟不批,这不是故意为难学校吗?办学真难呀!心里一阵难过,眼泪止不住掉下来。

为了学生,顶住压力,施工继续进行。

1999年年底,食堂改造工程基本结束了,食堂附房的学生公共浴室还在进行。学校及时向县有关部门提交了工程验收的申请报告。

一晃,2000年春季开学了,工程验收报告还没有批下来。食堂改造没有经过验收,学生就不能进食堂就餐,大家只能在操场上就餐。看到这样的场景,郑银凤心里也很难过。

自从办学后,几乎每天入睡前,汤有祥都要和郑银凤商量一些事,如碰到要解决的难题,常常讨论到半夜。这次看到学生食堂建好了不能使用,汤有祥心里也很着急,他和郑银凤商量:"我和民进领导汇报过这件事了,现在只能通过司法途径来解决。"郑银凤也觉得这件事不打官司不行,但和政府有关部门打官司不太好打,感到非常棘手,便说:"如果真要打官司,就要请好一点的律师,到市里去请。"

湖州一家知名律师事务所的律师听了汤有祥的陈述,认为这样收取高额的违规费和罚款本身是不合法的,这场官司学校胜诉的概率很大。

不日,学校起诉有关部门的官司在安吉法院开庭,法院判上墅私立高级中学胜诉。

后来，新闻单位就上墅私立高中"学校食堂改造风波"写了内参，在市领导的支持下，食堂风波才终于平息。改造好的三层楼食堂也敞开大门迎接师生前来就餐。

食堂风波后，朱茂笼老师不仅赞赏郑银凤胆大心细的处事方式，而且为郑银凤对学校事无巨细的操劳而感动。有一次，朱老师在宿舍拖地板时不慎摔了一跤，郑银凤知道后非常着急，立即打电话请医生到学校为朱老师治病。经医生诊断，朱老师骨裂，没有大碍，只要打上石膏静养即可。但郑银凤不放心，为了让朱老师早日痊愈，她请医生定时上门，为朱老师做按摩、针灸等理疗，加快了朱老师骨伤痊愈的时间。

汤师母在百忙之中对朱茂笼老师的贴心关怀，让朱老师十分感动。他这样评价郑银凤："汤师母从早到晚在学校忙个不停，不仅管财务行政，连修个空调、装个灯管都要管，汤师母可是上墅私立高中的'百管部长'。"

三

一到新校，郑银凤觉得现在学校今非昔比，规模越来越大，有些突发事件 24 小时随时都可能发生，需要及时处理，师生发生的困难要及时解决，如何维持好正常的教学秩序？她自然而然地想到了电话，利用电话在校园内开辟一条传递突发事件的绿色通道很有必要。虽然汤有祥有手机，但是经常开

会,靠汤有祥一个人应付是不现实的。所以她一到新校后,便将行政办公室的同线电话机安放在自己房间的床头。她也知道,电话装在床头,肯定会影响自己的睡眠,但是作为一校的师母,畅通传递突发事件的绿色通道比自己睡一个囫囵觉更重要。

一天半夜,郑银凤在睡梦中听到了床头电话机的铃声,赶紧拿起话筒,对方传来:"是上墅私立高级中学吗?""是的,你有什么事?""我是江苏常州的,我儿子×××在你们学校读普高,他奶奶去世了,我们让他回家里奔丧,麻烦你们帮助通知一下我儿子。""你放心,我们马上告诉×××同学。然后马上安排出租车送×××到家,车子到家后,请你们再付车费。""麻烦了,谢谢!谢谢!"

郑银凤有递铺县城出租车公示电话"5222000"和范潭村出租车司机的电话号码。范潭村司机距离学校更近一些,因为情况紧急,郑银凤就拨通了范潭村出租车司机的电话,将学生及时送到了常州家里。

汤有祥不出差时,半夜郑银凤接这些电话,他也会听到。但郑银凤觉得,丈夫办学够辛苦了,自己能处理的事,就不让丈夫操劳。有些事情一定要让校长出面,那就另当别论。

一天,已近晚上十一点了,职高二班的一位学生××肚子突然剧烈疼痛,同寝室的同学赶紧告知了寝室管理老师。老师焦急地拨通了汤师母的电话:"是汤师母吗?职高二班学生××

第六章 百管部长

肚子疼得厉害，不知道得的是什么病？看来马上要送医院。""好的知道了，马上派车送。"汤有祥也被电话吵醒。汤有祥说："万一动手术，要签字怎么办？这件事必须我过去。""好的，有什么事保持电话联系。"郑银凤不放心地说。

汤有祥赶紧安排了范潭村的出租车，将学生××送到了安吉人民医院挂了急诊。经检查是阑尾炎穿孔，马上要动手术，必须要校长签字，亏得汤校长亲自送学生，学生才得到及时救治。那天，汤有祥一直等到学生××做完手术，安全送到病房，才回家。

从学校办学开始，上墅私立高中都是三周放一次假。2000年秋季的一个傍晚，是学校放假的日子，湖州市吴兴区织里镇的一位家长正等待就读上墅私高的儿子回家吃晚饭，可是到点了，还不见儿子回家的身影，又三个小时过去了，已是晚上10点钟了，还未见到儿子，等了五个多小时的家长有点坐立不安，便拨通了郑银凤床头的电话。郑银凤接到家长焦急的电话就立即打电话给班主任，了解到这位同学常和湖州市城区的几位同学一起结伴回家，到织里的车子要经过湖州城区，有可能中途下车，到同学家去玩了。郑银凤从班主任那里要了湖州两位结伴同学的家庭电话号码，分别打电话到湖州家长家里，最后终于得知，这位同学中途下车，在湖州城区同学家里吃了晚饭，三位同学一起去看了电影，要第二天上午才回织里家里。于是郑银凤让织里学生听电话，关照他："你马上给你妈妈打个

电话,报个平安。以后不可以这样没和父母讲清楚就不回家,家长很担心的。"半个多小时后,织里的家长先后接到了郑银凤和儿子的电话,终于放下心中的不安,真心感谢上墅私立高级中学老师们负责的精神。

其实像这样在回家路上学生突然"闹失踪"的事情并非偶然。至2000年秋季,上墅私立高级中学班级已发展到33个,学生已有1500多人,其中百分之七十都是外地学生,每三周放一次假,他们中绝大部分学生都要回家。尽管学校教学管理很严,但叛逆、爱玩是青少年的特征,加上每年都有数百新生进校,回家路上中途开小差的事难免发生。学校放假了,但郑银凤床头的电话没有歇息;而学校上课期间,郑银凤更辛苦些,师生因病送医院要打电话、学生寝室有事要打电话、晚上电路出毛病也要打电话……床头的电话铃声打扰了郑银凤的睡眠,但给师生和家长们带来了安全感,也有效地维持了学校的正常秩序。

四

1998年春季,郑银凤退休后刚进递铺新校时,汤有祥就开始和郑银凤商量:"上墅私高从1993年创办日语班以来,职业教育已经五年了,在延伸职业高中的基础上,创办上墅私立职业大专就在眼前,我们国家高等教育大众化的时代已经到来，现在各地纷纷创办职业专修学院，上墅私立高中也不能停留在职业中专教学层面，现在国门开得越来越大，高等学历的外语人才越来越紧缺，从现在起就要谋划创办一所外国语专修学院。"郑银凤心想，职业高中才创办五年，现在有祥怎么又想办大学？这步子是不是太快了？

看到郑银凤没有接话茬，汤有祥又说："我想将大学的名称名为宇翔外国语专修学院，宇为宇宙，翔和我的名字祥谐音，喻为培养的大学生要胸怀大志，翱翔宇宙。"

教育发展，丈夫是行家，心存对丈夫信赖的潜意识，郑银凤稍停片刻便说："创办大学是大事，审批、征地、动迁，没有一年两年是办不成的，如真的要办，现在就要打报告。"

1999年，省教育厅收到全省各个地市申请办大学的申请报告，共有27份，在27所申办的大学中，"浙江宇翔外国语专修学院"是唯一一所获得批准筹建的。

汤有祥要创办大学的消息不胫而走，和安吉临近的一些县市向汤有祥抛出橄榄枝，以土地等优惠的政策条件希望宇翔外国语专修学院落户。汤有祥和郑银凤商量后，优先考虑的是和安吉接壤的余杭良渚，良渚和上墅私中距离近，便于两校的教学管理。

安吉县的领导知道后，就找汤有祥，希望大学建在递铺，县里也会优先划拨土地。

得知县领导的想法后，郑银凤对汤有祥说："县领导有意

1998年8月，郑银凤和《光明日报》高级记者张天兰夫妇合影

图，是件好事。"汤有祥说："我从县有关部门了解到，上墅私高附近的范潭村是属于县城的开发区，大学新校址可以和上墅私高的校园连在一起。办大学要有超前意识，我想申请征用土地1000亩。"在郑银凤心中，丈夫是办大事、有远见的人，一开口就定下1000亩的土地，一定有其道理，更何况，按照以往惯例，最后批下来一般要打折扣，所以，听罢也没有异议。

申请新校址征用1000亩土地的报告交上去了，批下来的折扣很大，获准大学校址用地是300亩。这面积，在汤有祥和郑银凤的预料之中，夫妇俩觉得，虽然300亩和1000亩差了一大截，但也有近五个上墅私高校园这么大，更何况和上墅私高连在一起，将来教学管理更为便利。

征用的 300 亩都在范潭村，其中村民的建房占地面积有 50 多亩，牵涉动迁的村民有 26 户。

范潭村的村民得知自己的房子要被学校征用的消息后，便向学校提出了很高的征用价格，一平方米建筑面积 30.16 元，一亩地两万多元。村民为了得到更多的利益，几乎一夜之间，家家户户在自己的自留地上种上了茶树，新种了蔬菜，将房子的楼房能增高楼层的就增高，并对原有的住房进行了装修……

郑银凤和汤有祥看到眼前发生的一切，也无可奈何，在一个缺失规则和契约精神的交易面前，被动方必须要做出让步。"让步需要原则，化解矛盾更需要技巧。"郑银凤总是这样认为，她全力协助丈夫，解决在动迁中和村民之间的矛盾，减少校舍基建的开支和成本。

征用土地的钱已经交到了县土管部门，但真要到动迁那天，村民纷纷又向学校提出了新增补偿的要求："你们看看，两个月前的菜地和现在不一样，幼苗现在长大许多了，马上就可以卖了，所以学校要给予补偿。""这点菜是征用后种，之前没有算进去，现在要补给我们。"……面对村民的种种要求，郑银凤亲自到村里，清点每一家菜园子蔬菜的数量，计算补偿金额。

一户姓梅的村民是做生意的，住宅院子里种了石榴、八角、桂花等树，要求新增补偿的胃口最大，提出四棵大树要卖给学校，每棵要卖三万元到四万元不等。郑银凤上门和声细语

地对姓梅的村民说:"学校征用了你家的房子,树是你种的,学校肯定要赔偿。但一棵树要三四万元的价格,高得离谱了。退一步,如果我们不买你的树,你自己把树迁移卖掉,能值得多少钱?你自己心里也明白。所以这几棵大树最多每棵赔偿一万元。要不你自己把树卖掉?"房东觉得自己去卖,肯定还卖不到一万元一棵,汤师母开的价已经不低了,也就不再胡搅蛮缠,答应了郑银凤提出的赔偿价格。

由于郑银凤亲自上门做工作,单补偿村民树的费用,节省了20多万元。

跨入新世纪之时,大学划拨土地的动迁工作历经千辛万苦总算完成,校园300亩征地西接上墅私立高级中学,北靠云鸿西路,南傍州学路,东边校大门面对灵峰南路。

一天,汤有祥对妻子说:"动迁结束,造大学首期工程的费用要准备了。""我已经算过了,私高在银行的贷款还有700万元,动迁费加上首期工程费至少要2300万元,其中银行贷款1800万元,多贷可能贷不出来,还有500万元的缺口要到民间借贷。凭着学校多年在民间借贷的信誉,我出面再借应该不难。""钱的问题,靠你多费心了。""你放心好了,不过这次大学建筑的设计,你要想办法到杭州去请省内最好的设计师来设计。"郑银凤提醒丈夫说。

请最好的设计师来设计大学校园,汤有祥也是这样想的。不日,汤有祥在省工程招标部门的帮助下,在西子湖畔的六公园，约请了浙江大学、中国美院、浙江建筑设计院、浙江工业大学等五家建筑设计单位。汤有祥依据自己考察过的国内外知名大学校园的规划，便向五家单位提了新建的大学要有"四园合一"的设计理念，"四园"就是校园、花园、公园和家园。同时，校园里要有河水，有水则灵，增添校园的生机和活力。并说："你们设计的图纸花了功夫，通过省级专家评估后，只要有质量，就是不中标、不录用，也将付给每家劳务设计费5万元，中标录用的设计报酬翻三倍，给予15万元。"招标部门没有碰到过不中标也给钱的事，听了自然高兴，觉得汤校长是一个值得信赖的校长，更加重视这次设计，希望自己的设计要对得起学校。后来，四家单位中的浙工大和一家私人建筑设计公司自动退出了竞标。

汤有祥从省城回来，和郑银凤说了不中标也付钱的事，郑银凤说："要尊重人家的劳动，不中标付钱是应该的。"

正是夫妇俩对建筑设计的重视，最后展示在汤有祥面前的浙江建筑设计院、浙江大学、中国美院三家设计单位的图纸都不错，好中选优，最后浙江建筑设计院中标。汤有祥和郑银凤不食言，如数将设计费分别付予三家设计单位。其他两家不中标的单位拿到设计费后，颇为感动，便分别将设计图纸给予了汤有祥。在汤有祥眼里，这两家虽没有中标，但设计各有长处，可以吸收，对工程建设有益无弊。

宇翔外国语专修学院工程被省政府列为重点工程。正当汤

有祥和郑银凤憧憬着新校园时，安吉县个别主要领导认为办学不如办企业效益好，准备将原本规划给大学靠近灵峰路西约40亩地划拨给企业，用于建造酒店及商住大楼，让新建的宇翔外国语专修学院的大学校门往后退，从灵峰南路进大学，规划一条30米宽、60米长的过道。

好端端的校园规划，成了缺陷，校园大门被"包了饺子"。办学路上又一道门槛拦在了汤有祥和郑银凤的眼前，正当夫妇俩一筹莫展之时，专家到现场对大学规划进行论证，当专家们知道新建校园的大门被重新规划改变了走向后，大家议论纷纷，一致认为，这样的规划有损于一座大学的形象。专家之言引起了县领导的重视，于是重新将40亩土地划拨给了学校。宇翔外国语专修学院的大门终于可以堂堂正正面对灵峰南路这条通衢大道。

五

王迎峰老师是上墅人，1999年毕业于云南师范大学，2000年应聘于上墅私高职高部。刚到学校，合同一年一签。初来乍到，王迎峰工作有些散漫。一次午休时间，郑银凤路过王老师的办公室，看到了王迎峰和其他老师在打扑克，郑银凤走进办公室，拍拍王老师的肩膀，轻声说道："老师在学校打牌，影响不好。"

第六章 百管部长

和王老师一起打牌的还有其他老师,汤师母为什么不拍其他老师的肩膀,只拍王老师的肩膀?因为其他老师都是来自安吉县以外的,唯独王老师和郑银凤是同乡人。郑银凤觉得,要批评人,先批评熟悉的老师效果应该好一些,汤师母提醒王老师在学校不能打牌,等于提醒了其他打牌的老师。

事后,王老师觉得汤师母的提醒是对的,教师本应"为人师表",时时事事都要为学生做出表率,所以对自己的打牌行为感到内疚,但也很担心:不知道汤师母和分管校领导说了在办公室打牌的事没有?担心以后自己的工作合同学校不给续签。

在郑银凤眼里,一个人做错事是难免的,改正就好。看到王迎峰和其他老师再也不在办公室打牌了,郑银凤并没有和其他分管的校领导讲。新学年开始,王迎峰和其他打牌的老师都继续被学校聘用,这让王老师对汤师母心存感激,他更加努力工作。后来王老师担任了职高部体育教研组的组长。

暑假期间,王迎峰积极参与学校的招生工作,他和其他招生老师回到学校已是晚上八九点钟了,学校食堂已经下班了,周边也没有饭店,没地方吃晚饭。郑银凤看到招生老师没有地方吃晚饭,就在自己宿舍对面狭小的厨房里,自己下厨,为招生老师们提供晚餐。每年都招生,每年这个时段郑银凤都要亲自下厨,为汤校长和招生老师烹饪晚餐和夜宵。郑银凤心里明白,学生是学校生存之源,招生好,学校发展好,自己虽然没

有直接参与招生,但作为一校"师母",为招生服务是应该的。

学校到湖州南郊道场乡招生,招生老师从乡初中老师那里得知,有位学生叫赵惠荣,父母双亡,没有经济来源,不能上高中学习。招生老师回到学校后,将这件事告诉郑银凤,郑银凤就和汤有祥商量,决定免去赵惠荣的三年学杂费。赵惠荣进校后,郑银凤每月自掏腰包拿出200元,资助赵惠荣的生活费。

在每年的招生中,上墅私立高级中学都会招收一些家境困难的学生。仅1998年秋季,资助新进校门的高一贫困生就有10多位,加上前面两届学生,一年资助贫困生30多位。郑银凤心里清楚,按照学校发展趋势,学生会越来越多,贫困生的绝对数逐年增加,资助的费用也会增加,而另一方面由于学生增加,校舍等教学设备也要增加,基建等费用也在增加,学校还得继续借债办学,但绝不能因为学校财务困难而减少对贫困生的资助!

郑银凤到新校后,汤有祥曾经和妻子商量:"在上墅我们学校就资助过方荣根等多位贫困生,现在学生多,贫困生也多,但是学校资金有限,我想在学校发起老师资助贫困生'一帮一'的结对活动,尽可能帮到每一个需要资助的贫困生。"听了丈夫的话,郑银凤马上斩钉截铁地说:"这个办法好!我们俩一起带头分别资助。""我们先带个头,一定会有老师参加'一帮一'的结对活动。"

话毕立即行动，夫妇俩立即分别结对资助贫困生。

1999年夏季，上墅乡的一名学生张悦，中考的分数线上了本县的公立中学，但是因为家里生活困难，交不起学费，准备辍学务农。郑银凤从上墅乡的老同事那里得知，就专程去了趟上墅乡，找到张悦。郑银凤对他说："今年秋季开学你可以到递铺，来上墅私立高级中学读普高，学校给你免掉学杂费。"张悦原本已觉得上高中无望了，突然好运降临，感动得说不出话来。一到秋季，赶紧到学校报到，汤师母还让总务免费给他发放了被褥等生活用品，还从自己的退休工资里拿出300元给张悦作为生活费，一直到这位同学毕业。

2000年4月，郑银凤随汤有祥访问日本京都计算机学院

师母

郑银凤常年"一对一"结对资助贫困生一到两位,还要临时资助贫困生的生活费。由于她参与招生工作,大体知道每一届新生有哪几位特别困难,对特困生给予更多的关注,一有时间,就到食堂的打卡机上查看特困生饭卡上的余额,如果发现余额没有了,她就自己掏钱充上。刚退休时,郑银凤的退休工资1000元不到,一个月她起码要拿出一半工资资助贫困学生。

在汤校长和汤师母的带动下,在两年时间里,上墅私立高级中学有30位老师先后和30多位贫困生结对"一帮一",加上校方资助贫困生90多人,到2001年秋季,全校总共资助贫困生120多人,资助费用达130多万元。大凡被资助的贫困生都先后顺利地读完高中,其中有三分之二的学生考上了大学,改变了人生。

第七章 智心慧行（二〇〇二—二〇一〇）

第七章 智心慧行

一

  2002年1月9日上午，冬日的阳光倾洒在上墅私立高级中学校门前的一块空地上，郑银凤望着空旷的300亩土地，面对正要举行的浙江宇翔外国语专修学院开工奠基仪式，激动的心情难以遏制，想不到学校发展的速度如此迅猛！郑银凤心想：大学建造今天才起步，到秋季开学，首期工程竣工的时间已经八个月不到了，要建造一幢教学楼、四幢宿舍楼、一幢食堂，建筑面积46800多平方米，校园还要植树绿化，教学配套设施也不能落下……真是时间短、任务重。她顿时觉察到了丈夫肩上日益加重的担子，"往后要想歇歇的时间越来越少了。"郑银凤自言自语。

  暑假来临，大学首期工程也接近尾声，但距离工程结束时间也只剩下一个多月，道路铺设、植树绿化白天黑夜都在进

行。但是学校招生也在如火如荼开展。为了让忙了一天的丈夫睡个安稳觉,郑银凤白天忙招生,晚上拿了手电筒就去检查正在植树的工地。

校园道路两旁种的是香樟树,还有大片的香樟树林,这些近万棵香樟树都是汤有祥亲自到长兴的一家花木公司苗圃里,在树干上用红漆画了记号一棵一棵挑选来的,但是郑银凤还是不放心,她觉得路旁的香樟树是景观树,必须树形、大小差不多才行。于是她拿了手电筒按校园规划的道路对刚种上的香樟树一棵一棵地进行检查,发现树干歪斜的、树冠形状不好的,她就让园林工人立即换掉。整个暑假,郑银凤几乎每天从早上一直忙到晚上10点多。

就这样,夫妇俩煞费苦心地打造了一所花园式的大学校园。

宇翔学院大门前选种什么树?是汤有祥和郑银凤在校园绿化选择中,花费精力最多的一件事,种桃李,还是松柏?种桂花,还是香樟?

汤有祥从杭州花木市场寻找来两棵五针松,但其中一棵长得不好,夫妇俩又商量要把五针松换掉。郑银凤说:"香樟树四季常青、树冠高大,我看还是香樟树好!"汤有祥答道:"我查阅资料中看到,香樟树有正直和平、吉祥如意的寓意,就选香樟树吧!"

香樟树有独杆生和多杆丛生,为了有更好的寓意,夫妇俩决定买多杆丛生的香樟树，他俩花了两年时间四处寻访，最后用高价从江西省买回了两棵香樟树，八杆丛生和七杆丛生各一棵。购买香樟树时，大门的基建还没有竣工，为了提高香樟树的成活率，于是将树从江西移栽到邻近的长兴一家花木林场，在那里移栽成活后，等宇翔学院大门一竣工，再移栽到学院大门前。

转眼暑假过去，在大家的努力下，首期工程如期完工。上万棵香樟树、桂花树等树木组成一个个树林分布在校园，道路两旁绿树成荫，红瓦白墙的教学大楼和硕大的操场坐落在绿荫之中，校园内小河流淌，绿草如茵，鲜花盛开，八杆丛生和七杆丛生的香樟树分别竖立在校园大门的两旁，树冠优美、郁郁葱葱，迎接着首届大学新生的到来。

二

2002年4月8日上午，八集大型电视传记片《雷洁琼》摄制组走进上墅私立高级中学校园拍摄。编导告诉校长汤有祥，传记片是中央统战部和民进中央联合摄制的，97岁的雷老特地关照编导，有必要去安吉上墅私立高级中学拍摄，因为这所学校是她关心和支持的民办学校。

摄制组来学校拍摄雷老情系民办教学的"足迹"，汤有祥和郑银凤感到很荣幸。汤有祥曾经多次对妻子说："没有雷老的

关心,没有民进中央和各级民进组织的支持,就没有上墅私中的今天。"郑银凤心里也清楚,自从汤有祥1987年成为民进会员后,就得到各级民进组织的关怀,在学校几次面临生死存亡的关键时刻,雷老和民进中央极力呵护,保驾护航,雷老还亲自先后为学校题写校名和"为培育中华英才作出贡献"等题词。作为女性,在郑银凤的眼里,雷老就是自己学习的榜样,她知识渊博,德高望重,级别高但平易近人。十多年来,她关心和支持上墅私中的发展,先后十多次接见汤有祥。郑银凤心里非常仰慕雷老,有机会也想拜访雷老。

2003年元旦,汤有祥对郑银凤说:"我知道你很想去见见雷老,1月6日我要去北京参加由教育部等部门联合举办的'首届全国民办教育十大杰出人物'颁奖大会,学校正好放

2003年1月7日,98岁的雷洁琼在家里接见汤有祥和郑银凤

假，你和我一起去吧。"

汤有祥提早和雷老约定拜访的时间，在北京人民大会堂受奖结束后，就携郑银凤一起来到雷老家里。郑银凤想到马上要见到雷老，心里很是激动。在警卫的指引下，走进雷老的接待大厅，郑银凤见98岁的雷老端坐在沙发上，因为不能起立，只能含笑示意表示欢迎。汤有祥把郑银凤介绍给雷老，雷老高兴地向郑银凤点头，请郑银凤坐下。汤有祥向雷老汇报了学校的发展近况，雷老听得很仔细，她说："学校有发展，教学秩序正常，这就好！这就好！"半个小时的接见很快就结束，汤有祥和郑银凤起身告别，只见雷老坐在椅子中，双眼湿润地望着汤有祥和郑银凤，挥手告别。郑银凤见此，心里一酸，眼泪止不住掉下来，马上转过身，心中默默地祝愿雷老身体康健长寿！

2003年春季，非典（SARS）来袭，为防止感染，各校都采取了封闭式管理，上墅私立高中和宇翔外国语专修学院也严格执行上面的规定："非典不解禁，学生不能出校园"。

一个月不出校门不回家，大家可以接受，两个多月下来，有部分学生有点按捺不住，小情绪开始出现了。普高班的一位男同学闷得慌，想晚上出校园去街上溜达，顺便买点好吃的。传达室门卫看得严，于是他动了爬围墙的念头。傍晚，他走到校园围墙根，看看边上没人，就爬了上去，由于心慌意乱，在跳墙时把脚扭伤了。消息传到郑银凤的耳朵，她立即请医生帮学生治疗。

虽然学生跳墙摔伤了脚没有什么大碍,但这件事引起了郑银凤的深思:非典不解禁,学校还得封闭,这样下去可能会引发更多学生的心理疾病。于是她和汤有祥谈了自己的想法:"这段时间让班主任多多关注学生的心理健康。"

打这以后,郑银凤自己也经常留意学生的情绪。

有一次,郑银凤路过操场,看到一位女同学蹲在草地上发呆。郑银凤走近女同学,发现她神情忧伤,眼睛里还有泪水,于是就关切地问:"发生什么事情?是不是现在学校规定不能回家,想家了?"那女同学看见汤师母和蔼可亲的询问,便掏出了心里话:"我妈妈打电话告诉我,爸爸要和她离婚。""为什么?""好像爸爸有外遇。""那你打电话给爸爸,告诉他,有没有考虑你的感受?"郑银凤停顿了一下,拍了拍女同学的肩膀:"父母之间的感情,做子女的可能不太理解,随着我们长大,也要学着慢慢理解父母。这件事看上去你爸爸不太对,你尽量做做爸爸的工作。"听了汤师母的话,女同学心情释然了不少,默默点了点头。

后来那女同学几次电话和爸爸沟通,谈了自己的感受,最后挽回了父母的感情。事后她欣喜地告诉了汤师母。

时隔不久,郑银凤在去食堂的路上,看到一位男同学不进食堂吃饭,站在外面,望着天空发呆。郑银凤走近关切地问:"怎么不进食堂吃饭?""我吃不下。""身体不舒服?""不是。我爸爸打电话告诉我,他做生意的钱被别人骗走了。读书没钱,让我退学。"在交谈中，郑银凤得知这位同学是高二的学生，读了近三个学期，如果读完其余三个学期，学杂费要1.6万元，现在家里发生变故，学校要尽量解决他的困难。于是她说："你不要着急，我让班主任核实一下你家里的情况，属实的话，学校会解决你的困难。"

郑银凤从班主任那里得知这位同学家里的情况属实，于是让班主任通知学生，学校决定免去他一半的学杂费，让他安心学习直至读完高中。

多年后，那位同学大学毕业参加工作，偶然碰到汤师母，感激地说："不是汤师母帮我解决困难，我可能没有今天这么好的境况！"

虽然郑银凤没有学过心理学，不具备心理学理论和专业知识，但是她用善心、责任和智慧，用心去关心周边每一位师生。对郑银凤来说，这样的事例很多很多，不足为奇，但对学生来说难以忘怀。多年后，有些受助学生见到汤师母，会再次提起汤师母帮助自己解开心结的往事，并以示感谢，这让郑银凤欣慰不已。

学生的行为习惯也是郑银凤牵挂的事。

有部分学生没有合理安排家长每月给予的生活费，乱花钱，常常前吃后空。有一位学生，家长每月给他800元的生活费，但他每次不到半个月就早早把钱花完了，又向家长伸手要。家长鞭长莫及，没有办法解决孩子无计划花生活费的不良

习惯,只好打电话向汤师母求助。郑银凤得知后就对和自己一起办公的曹向阳老师说:"这位学生每月的生活费800元放在你这里保管,按照每周200元给他,分四次发放。"在曹老师的代管下,后来那学生用钱无计划的习惯慢慢改掉了,家长知道后也很满意。

其实,每一届都有几位乱花钱的学生,郑银凤接到家长的电话后就让办公室的王老师、董老师像曹老师那样来帮助学生管理生活费。郑银凤还关照汤有祥,凡是有家长反映子女"前吃后空",就让班主任来管理学生的生活费。汤师母认为让教师代管学生的生活费不是目的,目的是让学生学会有计划地用钱、养成量入为出的好习惯。在上墅私立高级中学,为改变学生乱花钱的坏习惯,由教师来代管学生生活费成为常态,在老师的督促和帮助下,学生们慢慢养成了节约用钱、合理用钱的良好消费习惯。

三

在公立学校,暑期是教师最为轻松的日子,在忙碌了一个学期后,身心得以放松,但对上墅私立高中来说,每年的夏季是学校招生的黄金时间,学校领导和部分教师并未因炎热的夏季而停下忙碌的脚步。

相对往年,2003年暑假是汤有祥和郑银凤最为忙碌的暑假。一边普高和职高要招生，新建的宇翔职业学院也要招生，一边宇翔学院新建造五幢学生公寓楼为主的第三期工程立马开始施工。

  暑期刚开始，招生还没有进入高潮。树上的知了因炎夏高温而不停地鸣叫……是知了烦躁的叫声让人难以心静？还是预感到第三期工程规划上有点问题让人难于放心？郑银凤趁傍晚工作结束后，踏着骄阳西沉的余晖，再次来到第三期工程规划建造五幢学生公寓楼的所在之处——宇翔学院校园小河两旁察看。这五幢宿舍楼占地面积共13亩，将建造在校园小河的两旁，郑银凤越看越觉得宿舍楼的选址有点儿不对劲，五幢宿舍楼占地面积13亩，折合约有3800多平方米，按原来设计图纸规划，这五幢宿舍楼每幢为六层楼，造好后矗立在小河两旁，不仅破坏了小河边的景观，而且距离教学楼比较近，靠近校园的中心区，使大学校园显得局促。在现场，郑银凤觉得这五幢宿舍楼应移位到校园南围墙边，和原来造好的食堂和宿舍楼连成一片，这样不仅视觉舒服，而且教学区和生活区有比较明显的区域划分。郑银凤一边看，一边憧憬着：宿舍楼移址后，小河两边可以栽种桂花树和柳树，这样小河边上的景观更漂亮，秋天桂花飘香，春夏柳枝垂河……

  有了问题的解决方案后，郑银凤就向汤有祥提出了五幢学生公寓楼移动位置的建议。汤校长听罢汤师母的建议，觉得原本图纸上的设计确实不太科学，自己由于工作忙，没有看出图

纸的设计问题，幸亏汤师母看了出来，及时在施工前纠正，便脱口说："还是你仔细，如果已经开工挖地基了，再改就麻烦，亏得你发现问题早！按照你的建议，这13亩的土地腾出来，分别栽上桂花树和香樟树、柳树，这样小河两边更加漂亮，绿化带也把生活区和教学区划分开，为花园式校园锦上添花！你的建议真是一举三得：美化校园、有利教学、有利生活。"

上墅私立高级中学每年秋季招生，汤有祥都要提前通过县、市、省各级党报及电视台做广告。暑假期间，学生家长的咨询电话特别多。1998年郑银凤退休后就开始参与招生，一天接几十个电话是常态，之后暑假期间，招生咨询电话逐年增多。2003年，除了高中部、职高部的招生外，已经挂牌的宇翔外国语专修学院首届新生也开始招生，所以工作比往年更繁忙了。

进入8月，招生进入高潮，郑银凤所在办公室有三人忙于接听咨询电话，每天接电话数量达上百个，还要忙于接待家长们上门来访。大家几乎没有一刻停息。有时接电话的老师对有些问题回答不上来，还得让郑银凤来解答，这样一天下来，她的喉咙都嘶哑了。

一天，骄阳把大地烤得像蒸笼一样，炎热异常。郑银凤和其他招生老师时而忙碌着接电话，时而要接待省内外家长们的来访。虽然室内有空调，但是敞开的大门，将热浪带进办公室，让人感到阵阵的炎热。

当时还没有汽车导航,一批从湖州开车过来的家长一时找不到学校,迷了路,赶到学校已经是中午十二点半了。郑银凤刚刚送走一批家长,忙得汗流浃背,衣服都贴在身上,当她看到湖州的家长远道而来,便立刻笑着招呼大家坐下,安排老师讲解介绍学校和专业的情况。

这时曹老师发现,汤师母的衬衫穿反了!这条有着淡雅色碎花的衣服毛边都露在外面,曹老师觉得有损汤师母的形象,连忙悄悄地提醒她。想不到汤师母笑着对曹老师说:"我早就发现衣服穿反了!实在没时间换,只能这样了!总不能让家长们等着咯!"

这让曹老师万万想不到,汤师母为了招生忙得衣服穿反也顾不上。在心疼汤师母的同时,便想:作为学校一名举足轻重的人物,汤师母跟随汤校长接待过来访的各级领导和各地校长,出现在大家面前的是端庄得体的形象。但是,当接待远道而来的家长需要自己忙碌的时候,她可以忘了自己,甚至忘了一个女人最关心的穿着打扮……

曹老师并不知道,她看到的只是汤师母白天的工作情景,其实晚上汤师母仍在工作,尤其是在学校高考到揭榜这段时间,常常忙碌到深夜。由于高考发榜的时间都在深夜12点,汤校长、行政和高三部分教师要为上线的学生联系填报志愿,必须工作到后半夜。招生时,汤师母要为招生回校的老师们做夜宵;高考发榜,汤师母还要为给学生填报志愿服务的老师准

备夜宵。在汤师母的眼里,这虽然是学校每年最辛苦的时期,但也是学校收获的时期,看到学校达到高考分数线的学生越来越多,虽然辛苦,但心里有说不出的高兴!

2003年暑假,大家的辛苦付出带来了不俗的招生成绩:学校高中部、职高部、高复班共招新生906人,新招的首届大学新生1200多人,加上原来的在校学生,上墅私高和宇翔外国语专修学院两校学生总共已达3000多人。

和往年的暑假招生一样,郑银凤要留意有没有因家庭贫困而不能上学的中考毕业生。如有的话,她就和汤校长商量,资助贫困生重返学校。

安吉昆铜乡张家山俞家社自然村的陈星就是2003年暑假招收的贫困生。

陈星出生刚两个月母亲就去世了,两岁时,父亲离家出走,家里还有一个比他大两岁的哥哥。两岁的陈星和四岁的哥哥全靠年近七旬的爷爷抚养,全家的微薄收入来自爷爷务农。陈星从小就在贫困的家庭环境中长大。2003年夏,陈星初中毕业,爷爷已经80多岁了,没有能力供养陈星上学。郑银凤知道陈星的失学困境后,就和汤校长说:"我们学校曾经帮助过不少困难家庭的失学少年,但是陈星算是我听到的最令人心酸的孩子之一,我建议免去他三年高中学费,你亲自去趟昆铜把他请到学校。"汤校长二话没说,抽时间去昆铜找到失学在家的陈星,并告诉其爷爷:"您老放心,我们上墅私立高级中学免费，让您孙子读完高中。"

陈星到学校后，除了免交了三年1.8万元的学费外，校团委还和陈星结成对子，每个月提供给他200元的生活费，让陈星顺利完成高中段的学业。2006年高考，陈星以588分，被西南大学中文系录取。

2003年夏，初中毕业的畲族女孩蓝月红因贫辍学已经一年了。蓝月红出生在安吉报福镇中张村畲族家庭，《湖州晚报》的记者去中张村采访，无意中得知了蓝月红的失学情况，便将此事转告了汤校长。汤校长和汤师母商量了蓝月红失学的情况，汤师母说："虽然大学第三期工程也在借钱，但是资助贫困生是我们上墅私中应尽的社会责任。"两人很快决定免去蓝月红三年的学杂费。郑银凤担心蓝月红的父母重男轻女，关照汤有祥开学前去中张村，亲自将蓝月红请到学校。

秋季开学前，汤校长专程驱车去中张村。走进蓝月红的家门，汤校长才知道，蓝月红辍学原因确实如汤师母所料，蓝月红的父母觉得女孩子不读高中也无所谓，将来总是要嫁人的。再说家里没有钱，便将蓝月红读书的事放在一边。汤校长知情后告诉蓝月红的父母，将蓝月红招到上墅私中日语班学习，免去三年学杂费，毕业后，学校还负责介绍工作。蓝月红的父母听了，自然同意。就这样2003年秋季，蓝月红重新走进了上墅私高校园。除了免去学杂费外，还向蓝月红赠送了生活用品和校服。

师母

  三年后，当蓝月红从日语专业班毕业时，正好汤师母得知杭州西泠印社要招收日语专业的学生，于是出面和杭州西泠印社联系，让蓝月红顺利进西泠印社工作。蓝月红经历了从辍学到重返学校最后在省城工作的经历，内心充满了对汤校长、汤师母的感激。

  2003年秋季，位于灵峰南路宇翔外国语专修学院的大门迎来了第二届新生。

  新生来学校报到，郑银凤又要协助总务部门的老师，解决学生住宿上的一些问题，好让陪同到校的家长可以安心回家。

  转眼，大学招生已经是第二年了，但图书馆的创建还未完成。

  10月国庆假期过后，原本在县委党校图书馆工作的叶梅芹退休后，被宇翔外国语专修学院聘用，负责创建大学图书馆。叶老师看到学期已经开始，学生学习需要的图书馆还是空壳子，不仅没有书籍，连办公桌都没有。于是她找汤校长，把建馆需要的书籍、设备等清单给汤校长审阅，汤校长正要看，不是手机铃响，就是有人来找他谈事，根本没有时间和叶老师对话。叶老师心里很着急，于是找到了汤师母："汤师母，我几次找汤校长，汤校长忙，总谈不成，学校已经开学，图书馆创建不抓紧不行，我只能找你了。"边说边把建馆需要的书籍、设备等清单交到了郑银凤的手中。

  郑银凤接过叶老师的单子说："叶老师，把创建图书馆的工作交给你。你就大胆放心去做，采购图书、订阅报纸杂志、买办公设备等，不需要通过行政办公室，你将发票直接拿到我这里来报销就是。"

叶老师想不到汤师母这么重视图书馆的创建，并信任自己，于是加快了工作节奏，不到学期结束，藏书上万册的大学图书馆已现雏形。

看到叶老师这么负责，郑银凤便对她说："之前，普高和职高部的两个图书馆有些基础工作没有做，也一并由你负责。"

在汤师母的信任下，叶老师加倍努力，补齐了普高和职高图书馆书籍报纸杂志的分类、完善编制书目和检索工具等。三个图书馆藏书逐渐增加，在短短的三年时间里达到七万多册图书。

2003年寒假，郑银凤在南非

创建宇翔外国语专修学院，学校资金更趋紧张，但郑银凤对增添学校设备一点也不吝啬，语音室、电脑室等装备，都走在同行新建专修学院的前列。为改善学生的住宿条件，2007年，郑银凤还将高中部所有的宿舍都安装了空调，这在当时湖州全市各公办、民办中学中，尚无先例。

四

2003 年，秦佳山进宇翔外国语学院就读日语专业，三年后毕业留校，在学校食堂为师生饭卡充值，工作了三个月后，秦佳山觉得枯燥乏味。他从一位朋友那里得知，湖州市吴兴区织里镇一家印染企业正在招聘管理人员，于是他有了离开学校前去织里应聘的念头，但不知道怎么向校领导开口。

秦佳山想来想去，觉得还是先问问汤师母。于是他鼓起勇气找到汤师母："汤师母，我想离开学校到织里工作。""你真要走的话，学校不会阻拦，年轻人想寻找更大的发展空间是可以理解的。不过你要认真考虑清楚再做决定。不管怎样，学校的大门为你敞开，你随时可以回学校。"让秦佳山想不到的是，汤师母不仅没阻拦，而且句句话为自己着想，暖人肺腑，顿时眼眶湿润，连声说："谢谢汤师母！谢谢汤师母！"

秦佳山在织里印染企业只工作了三天，就觉得企业太小，没有发展前途，不如上墅私立高级中学好，有点后悔。他想起了汤师母临别时的话："随时可以回学校。"于是，他鼓足勇气拿起手机，拨通了汤师母的电话。郑银凤还是那句话："随时可以回来。"当秦老师回到上墅私立高中，郑银凤已经给他安排好了在职高部教务处工作的岗位。

秦佳山住在学校，郑银凤经常到宿舍嘘寒问暖。一天，郑银凤在秦佳山宿舍发现床上的被子还是高中住校时的，已显陈旧。她看在眼里，记在心里。过了几天买了被芯、枕芯和床上用品四件套，亲自送到秦佳山的宿舍。

进入2009年，秦佳山结婚，年底生了女儿，一时没有买房子，全家三口继续住在学校的宿舍里，郑银凤关照："家里有什么困难直接打我电话。"

2010年夏季，一天半夜，秦佳山的两岁女儿感冒高烧不退，秦老师和妻子很着急，想送孩子去医院治疗，但是家里的交通工具是电瓶车，怕带了老婆和孩子不安全。秦老师的妻子急得直哭。凌晨1点，秦老师无奈打电话求助于汤师母："汤师母，半夜打扰您了，我孩子感冒高烧不退，想去医院急诊，但是叫不到出租车。""你不要急，现在准备一下，我立即派车子到你们宿舍楼下。"不到六分钟，学校司机朱祝文已经驾车在楼下等候。让秦老师和妻子感动不已。由于及时就诊，到天亮孩子的高烧就退了。

和秦老师一样，罗俊贤也曾萌生过离开学校的想法。罗老师曾执教于江西省一所公办高中，到2005年，他在安吉县上

师母

墅私立高级中学任教快五年了，但妻子、女儿都在江西。那年春天，罗老师在江西曾任教的公办高中向他发函邀请，希望他暑假后回江西工作。那年，罗老师在江西的女儿也快小学毕业了。当时，在江西想要进县城最好的初中，要经过严格的笔试和面试，竞争也很激烈。罗老师心想，六年级是非常关键的一年，自己有责任陪伴女儿。因此，尽管罗老师不想离开上墅私高，但还是打算回江西原来的学校上班。郑银凤知道实情后，心想，罗老师之所以想离开上墅私中回江西是有实际困难的，学校有责任帮助他解决困难。再说学校的老师都是汤有祥通过各种努力好不容易请来的，既然来了，更应该努力把他们留住。于是郑银凤请罗老师到办公室，对罗老师说："你回去把原单位的人事关系处理好，把编制保留住，然后把孩子带到安吉来读六年级，把爱人也带过来，职高部图书馆岗位，就是为你爱人留着的。"听罢，罗老师觉得汤师母已经帮自己把困难解决了，立即打消了离开上墅高中回江西的念头。

　　2007年，罗老师在递铺镇上看中了一套房子，但首付要13万元。当时罗老师手头只有近六万元，从江西兄弟姐妹那里借了两万多元，首付还差四万多元。正一筹莫展之际，妻子对罗老师说："要不你去找汤师母商量商量，看看她能不能借一点钱给我们。"

　　罗老师硬着头皮拨通了汤师母的电话，没想到汤师母二话不说，爽快答应借给罗老师五万元。还问："什么时候去首付？

我提前帮你准备好。""谢谢汤师母！12月30日要交的。"罗老师感激地回答。

12月26日，距交首付款的时间只有四天了，罗老师没有接到汤师母的电话，心想："汤师母一直做事认真，说话算数，怎么把借钱的事忘记了？"只好硬着头皮又去找汤师母，他打电话到行政办，接电话的不是汤师母。罗老师问："汤师母在不在？"接电话的老师说，汤师母这两天没来上班。罗老师心想，汤师母不上班，肯定有事情，等两天再说。

29号晚上，妻子坐不住了，焦虑地对罗老师说："首付款没有凑齐，房子就买不成了。"罗老师心里忐忑，但是他相信汤师母的为人，对妻子说："别急，再等等。"晚上近10点，罗老师的手机响起，一看是汤师母打来的，让他到办公室去取钱。罗老师喜出望外，一边接电话，一边快步向汤师母的办公室大步走去。

已近小寒节气，罗老师在室外感到了天气的寒冷，推开行政办的门，只见汤师母搓着手说："我这几天重感冒，在人民医院挂盐水，今天挂完了盐水，就来学校，我记得你买房子的事，明天要交首付的。"

原来前几天汤师母不在，是因为得了感冒，由于全身无力，咳嗽不停，29日下午，只好到医院去挂了盐水。人在医院，但心里想着罗老师首付款的日子就要到了，所以挂完盐水，冒着严寒，从医院赶到学校。罗老师看到汤师母被冻得瑟

瑟发抖的样子，听到这么暖心的话，又想起了汤师母曾经帮助自己解决的一个又一个困难，顿觉汤师母对自己的关怀如慈母般的温暖，鼻子酸酸的，两眼湿润，但心中升腾起阵阵暖意！

2006年，数学老师盛良才胃溃疡出血，两次住院。郑银凤得知后，到医院看望盛老师，发现盛老师住院治疗的费用自费部分数额较大，便亲自将盛老师自费部分的医药费解决了。

2005年12月，汤有祥、郑银凤、汤学智和来访的瑞典酒店管理学院校长卡洛斯（右二）在校园合影

这让盛老师非常感动，但让他更感动的远不止如此。盛老师胃不好，郑银凤买了微波炉、电饭煲送到盛老师的办公室，好让他可以随心吃上热的食物。盛老师先后遭遇脚崴和家人手

臂骨折，每次，郑银凤都不让盛老师上班，并送上慰问金。盛老师动情地说："汤师母对我的关心和帮助很多很多，我买房子首付款有困难，缺少款项40万元。我和汤师母说了买房首付有困难，汤师母立马借钱给我，还说：'安居乐业，这是大事，学校应该帮助你。'""我工作近30年了，曾经先后在好多所学校任教，像上墅私立高中这样关心我的学校很少很少，汤师母是我人生中最大的贵人。"

多年协助丈夫管理学校，郑银凤在汤有祥身上深深地领悟到，办好一所学校，必须要有一大批安心于学校教学工作的教师，这是非常重要的。每一位教师各有所长，也各有所短，这是再正常不过了，但是作为师母，要努力传递校领导对他们的关怀，这种关怀不仅要解决他们工作生活上的困难，更多的是精神上的人文关怀。

2009年11月上旬，职高部数学老师彭曙胸肋不舒服，后来胀痛难忍，只好到安吉县人民医院做检查。结果显示，彭老师的胸椎骨受损严重并发肋间神经痛。医生建议他尽快到省医院做系统检查并做手术。

汤有祥、郑银凤得知后，劝彭老师立即前往省医院就诊。接着汤校长帮彭老师联系了杭州邵逸夫医院骨科专家，汤师母派车将彭老师送到省城医院就医。

11月底，彭老师在邵逸夫医院接受了手术，术后做了半个月的康复疗养。办完出院手续已是下午5点多钟，当时正好

师母

一股强冷空气南下,杭城雨雪交加,彭老师打了一个又一个电话,联系不到回安吉家里的救护车。眼看天黑,无奈之下,彭老师只好打电话给汤师母,告知实情。电话那头,汤师母一边安慰彭老师,一边答应立即派车接彭老师回家。郑银凤很快联系已下班的校车司机王师傅,冒着雨雪从递铺赶到了杭州邵逸夫医院的门口接彭老师回家。彭老师躺在校车的座位上,看到窗外飘舞的雪花,心里涌动一股暖流——"那是汤师母给我的'母爱'!"

翌日中午,在家休息的彭老师接到了汤师母打来的电话,关切地询问彭老师手术康复情况,叮嘱他安心养病并祝他早日康复!

正是学期结束临近放寒假,郑银凤工作繁忙,她委托时任职高部主管校长陆海空、教务主任杨运栋、政教主任潘虹、校工会主席王美红等行政领导代表校领导到彭老师家中探望,并送上营养品。

寒冬中的一场疾病,虽然已时隔多年,但对于彭老师来说,"记忆中的那个寒冬,带给我的不是寒冷,却是春天般的温暖。因为爱,那个寒冬——我不冷!"

在郑银凤看来,老师们的事情就是自己的事情。那时,安吉上墅私高教职工已达300余名,大部分员工来自外省市,郑银凤对每位老师的姓名、特长、家庭情况都记得清清楚楚。教师们碰到生活上有什么困难都会找汤师母解决,大到买房借钱、爱人调动工作、子女求学、生病，小到住宿的水、电故障等等，都在第一时间找汤师母解决。遇上年轻老师结婚大事，每次郑银凤都会欣然出席，送上祝福……

郑银凤为教师所做的事情，一桩桩，一件件，教师们看在眼里，记在心里。普高部校务办的马光辉老师这样形容汤师母："在安吉上墅私高，有一位备受师生敬重的人物，她关心师生胜过关心自己，她像一束光，指引着大家向着更高的目标前进！她的脸上常常带着春风般的笑容，用慈母般的爱心温暖着我们，我们只想更努力地教学，来回报这位'女神'级的人物。她——就是我们最敬爱的汤师母！"

五

2000年暑假期间，地处白水湾村的白水湾中学要搬迁到天荒坪，村里的领导找到汤校长，希望上墅私高买下这所已空置的旧校园，校园有10多亩土地和校舍，村里要价120万元。买一所旧学校，这不仅是钱的问题，还有买来后做什么用？钱投下去能不能有回报？汤有祥和郑银凤商量着，决定一起到现场去看看。

白水湾中学距离递铺约六公里，汽车过去也只有五分钟。校园除了校舍外，还有大块的操场，郑银凤一边看，一边想："现在递铺镇上考汽车驾照很热门，报名都要排队，这所旧校

师母

办个驾校挺合适。改建一下，校舍可以作为驾校办公和教练宿舍之用，操场正好用来汽车教练。将来这里还可以成为学生教学实践基地。"于是，她把自己的想法和汤有祥说了。汤有祥听后佩服妻子出的点子，不仅考虑到了120万元投入后的回报，还和学生的教学实践联系在一起。便赞同地说："我也觉得办驾校好，就这样定了！"

汤校长向白水湾村领导表示，同意买下白水湾中学旧校园，由于汤有祥学校教学事务繁忙，办驾校后续的事根本没有时间，120万元贷款的事和改建驾校、管理驾校的事基本上都是郑银凤在忙碌。

创办驾校并不顺利，根据驾校的设施要求，校舍要进行改建。村上的村民得知学校已经卖给上墅私立高级中学了，便以这个校园是在村里为由，闹纠纷阻拦改建工程。面对这样的局面，郑银凤也只能让创建驾校的进程暂时停下来。

2003年的一天，汤有祥正出差在外，忙了一天的郑银凤回到房间，静下来一想，自1984年汤有祥创办学校以来，也快20年了，在这20年中，汤有祥一直强调办学不能以盈利为目的。为了学校有财力上的支撑，自己协助丈夫除了"借鸡生蛋"外，在上墅时还尝试"第三产业"——开长途客车的实践，并取得了盈利。现在大学一期工程已经完成，二期工程建造教学大楼等建筑面积34998平方米也即将竣工，大学一边教学一边建设还要持续多年，财力需求很大。钱从哪里来？这几年递铺房地产正在蓬勃发展,房价正在攀升,投资房地产正是时候!

　　这段时间,郑银凤留意起递铺镇的房地产规划,以及建造的楼盘。她看中了新城时代——大家房产建造的楼盘,预售房价每平方米900多元,她觉得价格可以,如要买,就买十套,将来还可以解决教师的住房。

　　一天晚上,夫妇俩忙完学校的事,先后回到了房间。郑银凤就把自己的想法说了:"有祥,学校每年都在发展,教师也越来越多,校园地盘有限,如多造教师宿舍楼,会影响到其他教学用房的占地面积,到校外买点房子,不仅可以解决教师住房,而且房产增值快,是很好的投资。""好是好,但是教师住房对学校来说现在不是很突出的矛盾,还是放一放。"在汤有祥看来,教师宿舍大楼也造了几幢,可以安置学校的外地教师了,以后增加外地教师,万一宿舍爆满,凭学校现有的校舍,潜力还是可以挖掘,到校外去置买房产,和学校当务之急相比,是小事。

　　郑银凤和汤有祥结婚多年来,琴瑟和鸣,无论工作生活,一搭一档,天衣无缝,汤有祥一直认为学校的发展离不开妻子的协助,但办学时间长了,一些事情上夫妇俩难免有分歧,如遇双方不统一,两人也不激烈争论,说上几句也就罢了。郑银凤看到丈夫不赞成,也就不再强调自己的理由,再想,新城时代的房产不买,也许有更好的楼盘,反正房地产发展势头很

旺，看看其他的楼盘再说。

过了一年，郑银凤得知递铺长途汽车站对面，正在建造三里亭农贸市场，便抽时间去看了现场工地和施工图纸，心想这个地段交通方便，一楼店面可以做学校招生之用，方便外地学生和家长咨询报名，在这里投资优势比新城时代的楼盘更好。有一天，郑银凤把自己的想法和汤有祥说了："有祥，递铺车站对面正在建造三里亭农贸市场，学校在那里买点房产，下面沿街买两个店面，大约有60多平方米，可以设置高中、大学招生咨询和报名处，店面上面有四层楼八套房，一并买下，可以当外地教师的宿舍，生活起居也很方便。""大学的基建虽然已完成了两期，但是基建还在进行之中，我想想，还是暂缓到校外去买房产。"汤有祥说道。

面对丈夫又一次不赞成，郑银凤也不多说什么，但是看到之前没有买到两处房产，如今价格涨了不少，心中挺遗憾的。虽然房价涨了，但递铺的房价还不算高，投资房产还是有很大的空间。"如果再有中意的楼盘，我就不和有祥商量，学校不投资，我自己借钱投资。"郑银凤思忖着。

递铺城市建设规模继续向四周农村延伸。2005年城北石佛路沿街，正要兴建名为"宁馨花园"的楼盘。由于原来这里是郊区农村，楼盘的价格比市中心低好多，预售店面房子的房价是每平方米3000多元，二楼以上是住宅，每平方米均价1000多元。郑银凤去现场看了几次后，便打算买12个店面以及店面以上的住宅。靠石佛路店面有三层和四层，12个店面有三层和四层各有一半，共21套住宅，总共建筑面积3000多平方米，总价800多万元。

这800多万元的房产，郑银凤原本打算自己个人去筹款解决，所以私下认认真真地进行了盘算。她觉得现在买的是期房，800多万元无须一次付清，只需要首付100多万元，其余的钱，在建造期间的几年时间里逐步付清。凭借多年来自己在银行的信誉度，可以"信誉贷款"的名义一次贷到500万元，由于首笔付款只需100多万元，其余400万元可以拿出来用在学校教学需要用的地方。首付一年后，以本带息再还贷400万元，这样逐年减少贷款额度，不仅减轻了贷款压力，而且有效地利用了贷款。在房子建造过程中，郑银凤早早对店面期房进行了招商，为提早还贷奠定了基础。本是800万元巨款的压力，在郑银凤的运作下，显得轻松不少。宁馨花园房子竣工后，12个店面全部租掉，郑银凤利用租金还贷款，几年后，贷款还清。上面21套住宅装修后，作为学校教师宿舍之用。宁馨花园的房产买好后，郑银凤才告知丈夫。汤有祥是个明白人，他目睹递铺房价节节攀升，郑银凤在"宁馨花园"买的房产已涨了不少，加上21套住宅已成为后来新进学校工作的外地教师宿舍，也改善了教师的居住条件。汤有祥嘴上没有说什么，但心里暗暗佩服郑银凤的经济头脑！

其实，汤有祥一直不同意郑银凤投资校外的房产还有其他

的考虑，这段时间，除了大学后期工程建造需要资金外，县城开发区的领导曾找过汤有祥，希望汤有祥买下在递铺胜利西路的一幢烂尾楼。

这幢烂尾楼占地面积 11 亩，建筑面积为 1.8 万平方米，原本是用作商业用房和酒店，大楼已建造完成，但开发商因资金链断裂无钱装修，已停工近三年。这幢烂尾楼突兀地立在递铺大马路边上，影响了县城的形象，县里每年举行人大、政协两会，代表、委员就烂尾楼的议案和提案也提了近三年。

汤有祥当时已当选为省政协委员，为了尽快解决烂尾楼这个难题，递铺镇开发区相关负责人就通过县政协找汤有祥来解决，希望汤有祥买下这幢烂尾楼。由于烂尾楼的投入是一笔巨款，风险又很大，所以一直到了 2005 年，汤有祥一直没有表示买下烂尾楼的意愿。

像这样巨款投资，汤有祥必须让妻子参与。于是夫妇俩选择了一个日子，在开发区负责人的陪同下，来到胜利西路的现场。

这幢楼位于胜利西路和天荒坪中路的十字路口，地段还算不错，不仅马路宽敞，而且附近正在新建一幢幢商住楼，相信不久的将来此处也是递铺的闹市区。

看完烂尾楼，汤校长也没有表态，开发区的负责人看到汤校长和汤师母虽然没有做出决定，但是也没有表示不买，于是加快了做汤有祥思想工作的频率。面对开发区负责人频繁的来电,汤有祥便和郑银凤商量起来:"这几天开发区的负责人几乎天天打电话给我,你看怎么办?""领导做工作,不买也不行,既然这烂尾楼原本是开酒店,我们接手也只能开酒店,随着安吉旅游业的发展,酒店也许有发展空间,再说也可以用作职业教学的实践基地。"虽然郑银凤不是教师,但是跟随丈夫办学的经历,她习惯将每一件事情和教学需要联系在一起,考量对教学有没有好处,遇事考虑周全,这也是汤有祥凡事都要和妻子商量的原因。

盘下烂尾楼核算下来需要的资金约 4000 多万元。学校资金一直紧张,拿不出这笔巨款。汤有祥和郑银凤商量:"现在政府有困难要我们接手,但是大学还在建造,学校资金缺乏,怎么办?"郑银凤说:"既然是政府要求我们,我们可以反过来要求政府分期付款,开发商也答应入股百分之五即 200 万元,实际分期付的是 3800 万元,我出面去银行贷款可以贷到 2000 万元,还有 1800 万元放到后期再付。"因汤有祥的"法人代表"头衔太多,夫妇俩最后商量决定,让郑银凤出面以自己百分之九十的股份(开发商后来让出了百分之五的股份)和汤有祥百分之十的股份来买下烂尾楼。

2005 年 9 月 5 日,郑银凤贷款 2000 万元,买下了这幢烂尾楼。在接手到装修开张的两年间,郑银凤向民间借贷还清了尾款 2000 万元。

2007 年 8 月,烂尾楼以四星级酒店——安吉国际假日酒店

的崭新面孔在胜利西路亮相。

酒店在皆大欢喜中开张了,但作为第一大股东的郑银凤身上还背负着包括酒店装修在内的 3000 万元贷款包袱。好在酒店开张的前几年,安吉的旅游业越来越旺,除了陆续不绝的游客,前来开会、举办婚礼的也不少。随着营业额的逐年上升,大大减轻了郑银凤贷款的沉重负担!

##

郑银凤虽然没有学过金融专业方面的知识,更不懂什么叫资本运作。但是她清楚一个单位的财务应该怎样管理,在民间怎样做才能有效融资,她也懂得钱的生命和人的生命一样需要动起来,钱的闲置就是钱的损失,流动可以让死钱变活钱。

尽管 20 多年来,汤有祥办学一直是借债度日,但教育经费在郑银凤的监管下,经济实力不断发展壮大,加上银行贷款和有效的民间融资,学校从未拖欠过基建工程的民工工资,更没有拖欠过在职教职员工的工资,劳资纠纷从未发生。办学至今,银行贷款和民间借贷从未间断,面对笔笔借贷,郑银凤都守约守法,严格遵守还贷时间。

2008 年 12 月 30 日,转眼又到新年。郑银凤已凑齐了杭州银行还贷的钱,想不到下午,浙北地区飘起鹅毛大雪,随着雪越下越大,郑银凤也逐渐焦虑起来:杭州的银行还贷的截止时间到了，如果 31 日没有还，那么来年的所有贷款将被取消。这不仅牵涉到来年的工程没法正常进行，更意味着春节期间老师的工资发不出，工地上民工工资也没法付，让教师和民工过好年可是大事啊，在关键时刻，学校不能丢失信誉！

汤有祥亲自携带汤师母准备好的钱和司机朱祝文一起开车去杭州还贷。车子离去，郑银凤担忧地望着天空洋洋洒洒的鹅毛大雪，心也随车而去，只能用电话关注着丈夫在路上的行程……

"车子现在开到哪里了？"汤有祥的电话传来了汤师母关切的声音。

"我们现在已到余杭黄湖镇了，但是公路上的积雪已达 50 多厘米，汽车轮胎也被积雪卡住了，动不了。"

"车轮不能动，你们走也要走到杭州！"郑银凤加大嗓门对汤有祥说。

其实汤有祥何曾不这样想呢？按时还贷这是必须的，可惜天公为难，车子不能前行。无奈之中，汤有祥和朱祝文商议，前进不行，只有后退，车子往湖州方向绕道，走 104 国道到杭州。

104 国道的积雪因来往车辆较多，不容易叠积，但是路况不好，抛锚的车子比较多，加上大黑，车子时速 20 公里都开不到，直至 31 日凌晨 3 点，汽车才到了杭州市区。当汤有祥敲开杭州某银行信贷员家中的大门时，对方既惊讶又感动，想

不到汤校长亲自冒雪还贷款,"上墅教育集团诚信和信誉好!"给省城银行又加了分!

汤有祥毕业于安吉师范,2005年,安吉师范毕业的递铺和长兴历届生成立了安师同学会,同学会共有45位,每年都要聚会。汤有祥工作很忙,但他是一个有情有义之人,能抽身参加,他都尽量参加,而且每次参加都会带上郑银凤。有几次,汤有祥因学校有重要事情而无法参加时,他就让郑银凤代他赴会。

郑银凤第一次代汤有祥参加同学聚会时,就爽朗地对大家说:"今天学校有重要会议,汤有祥来不了,我代表他参加,有祥让我向大家问好,在座各位是有祥的同学,也是我的同学。"在聚会上,郑银凤融入大家,还放开声音和大家一起歌唱。

聚会就餐就在安吉国际假日酒店。同学会实行的是AA制,每人交200元,大家建议将45人共9000元钱交给郑银凤管理。郑银凤说:"这个钱我不能收,这也是有祥的意思,中午聚餐既然在国际大酒店,尽地主之谊,我们请客。"

之后凡是汤有祥没有空,安师同学聚会都是郑银凤参加,每次聚餐都是郑银凤主动买单。

早在上墅乡时,年纪轻轻的郑银凤就担任了上墅乡上墅村老年协会的名誉会长,按照年龄,郑银凤还进不了老年协会,村里让她出任村老年协会的名誉会长,是因为郑银凤办事能力强,而且热衷于公益事业。郑银凤也不辜负大家的期望,慷慨解囊，资助村老年协会的活动。

到了递铺后，在教育局领导岗位上退休后的陶国新担任了安吉县抗癌协会的会长，他觉得郑银凤善良热心、有亲和力，希望郑银凤能担任安吉县抗癌协会的形象大使，找郑银凤商量，郑银凤一口应允。

陶国新说："汤师母担任县抗癌协会的形象大使后，为安吉的抗癌慈善事业做了大量的好事，虽然她在学校的工作很忙，但她利用自己的休息时间去看望癌症病人，鼓励他们和病魔作斗争，为他们送去温暖，还为抗癌协会每年捐款两万多元，资助抗癌协会的会议经费，提供会议场所和用餐等，已坚持了20多年，不仅如此，她还资助贫困学生……她自己很节约，对慈善公益事业很慷慨。"

作为老教育工作者，陶国新熟悉汤有祥，也了解郑银凤，夫妇俩的艰辛办学经历和对社会的贡献，陶先生看在眼里，记在心里。

汤有祥是民进会员，因此也热衷于从中央到地方的民进组织的公益慈善活动。2004年开始，由民进中央牵头，每年安排两名贵州省毕节贫困地区学生到宇翔外国语专修学院就读，连续三年，共六名学生。郑银凤主动免去了这六位学生三年大专的学费、住宿费、书本费等共18万元。每逢寒暑假，郑银凤还给他们发来回学校和家乡的路费。郑银凤还随汤有祥不辞辛劳远赴贵州，走访毕节学生的家乡。在毕节，郑银凤和汤有

祥住了三天，他们没有抽时间欣赏当地的山水风光、人文景观，而是每天抓紧时间到贫困村走访。看到这里的初中、小学没有英语教师，汤有祥和郑银凤当即决定帮助毕节贫困地区培训英语教师，后来培训计划因种种原因没有实现，但郑银凤还是建议汤有祥派出大学生志愿者到毕节贫困地区支教半年英语。走访中得悉村上的老百姓因没有水塔，喝不上干净卫生的自来水，靠接雨水生活，她慷慨捐助十万元，帮助村里建造了水塔。三年下来，总共为六位毕节贫困学生及他们的家乡捐助资金超过 30 万元。六位贫困生先后从宇翔外国语专修学院毕业，其中一位毕业生在贵州民族大学工作，其余五位毕业生都在浙江创业，有的已经自己开办了企业。

第八章 呕心沥血(二〇一一—二〇一三)

第八章 呕心沥血

一

生在小山村的郑银凤退休前一直在山沟沟的上墅乡生活工作，1998年退休之前几乎没有出省工作或旅游，更没有出过国。

二十世纪九十年代末，自从上墅私高和国外学校有了教学交流后，师生们也有了出国访问交流的机会，而且日趋频繁。作为校长夫人，郑银凤在2000年到2011年的11年里，曾经先后随汤有祥去日本、澳大利亚、德国、法国、瑞典、南非、菲律宾、韩国等国家进行教学交流。

到了国外，对汤有祥和郑银凤来说保持和学校的通讯联系是十分重要的事。那时国际长途无线移动通讯还不是很畅通，不同国家移动通信网络的覆盖面不尽相同，如何在国外和国内保持电话畅通？这对有邮电职业生涯的郑银凤来说，比汤有祥

更擅长。一旦到了没有数据漫游覆盖的国家，诸如购买所在国的电话卡之类的事，都由郑银凤来做。所以出国时，国际长途电话必然是由汤师母打，接通后，再把手机递给汤校长。由于两个人的电话都不少，所以汤师母手中的电话不时响起，碰到汤校长不能接听的情况，汤师母会妥善解决，尽量做到出国访问和国内工作两不误。

在中外教学交流活动中，郑银凤以校长夫人和上墅教育集团董事长夫人的身份出现在外国朋友的面前，她不卑不亢，落落大方，体现了中国妇女的素养和风采。郑银凤虽然没有正式学过外交礼仪，但她知道，教学事务汤校长是主角，自己则以尊重和真诚为原则，来拉近和外国朋友的距离。在日本聚会时，日本朋友为欢迎汤校长和汤师母，唱《北国之春》等日语歌曲，汤师母用心聆听，暗暗学唱，击掌和鸣。待日本朋友来上墅私高访问时，汤师母为了表达对日本朋友的欢迎，她竟然也能用日语演唱《北国之春》；和韩国教学界欢聚时，她唱韩国流行的中文歌曲《小城春秋》，歌声优美婉转，声情并茂，博得韩国朋友阵阵掌声。有时在外国朋友的掌声中，汤师母唱了一曲欲罢不能，还接连演唱《红梅赞》《手拿碟儿敲起来》等中国民歌，在外国朋友眼中，汤师母不仅婉婉有仪，还是一个平易近人、有情趣的校长夫人。

2011年3月，因教学交流需要，郑银凤随汤有祥去日本和韩国访问。

此行先去日本，郑银凤随汤有祥在东京出席"中国浙江安吉上墅私立高中东京分校"和"中国浙江宇翔外国语专修学院东京分院"的挂牌仪式。

在日本的六天交流结束后，汤有祥一行又去了韩国清州市，参观访问亨硕中学和永同大学。这是郑银凤第二次随汤有祥访问韩国。

2011年3月，郑银凤和汤有祥访问亨硕中学和永同大学时的合影

亨硕中学和永同大学都是私立学校，属于永同教育集团。该教育集团下属还有幼儿园、小学、科研所、房地产等。上墅教育集团和永同教育集团的互访交流甚密，其中有过多次亨硕中学和上墅私立高级中学的师生互访，中韩教育集团之间不仅

有教学交流，还有科研交流等，彼此友情深厚。

  永同教育集团的创始人是现任永同大学蔡薰宽院长的母亲金孟硕，她是永同教育集团的董事长。在汤有祥和郑银凤到韩国访问之前，金孟硕曾和蔡薰宽一起应汤有祥之邀到安吉上墅教育集团访问。在安吉，金孟硕和蔡薰宽受到了汤有祥和郑银凤的热情款待，母子俩对汤有祥和郑银凤的艰苦创业和办学模式赞扬有加。汤校长和汤师母还陪同母子俩游览了安吉竹乡的山水村舍。清州是韩国的旅游城市，和安吉一样有清丽的风光，金孟硕和蔡薰宽身临安吉青山绿水之中，恍如身处清州，有宾至如归的感觉。尤其是汤有祥和郑银凤让他们感觉到亲人般的温暖。金孟硕一行来访正是冬季，母子俩及访问团全体成员下榻在上墅教育集团的假日国际酒店。一到酒店，汤校长让孝丰一家服装厂为他们定制了呢绒大衣和每人一套中国的服装；回国前，汤师母还准备了中国丝绸服饰，送给金孟硕。金孟硕和蔡薰宽对汤有祥夫妇留下了美好的印象。金孟硕夸奖汤师母为人厚道、善良，汤校长好福气。

  之后，上墅私高师生每次去韩国教学交流，郑银凤都要让师生带上中国的丝绸服饰送给金孟硕。

  汤有祥和郑银凤第二次访问永同教育集团时，金孟硕一定要请郑银凤和汤有祥在她居住的"寻牛堂"山庄住宿，盛情款待来自中国的教育同行汤有祥和郑银凤。

二

2011年的整个暑假，除了招生重头戏外，汤校长正在为秋季开学多余的20多位日语教师的岗位而犯愁。

这年，由于中日关系变化等种种原因，社会上对日语人才的需求骤降，上墅私高日语班毕业生将面临择业的困难，所以学校下调了2011年秋季招生的数量，日语专业的学生数量从过去2600多削减了2200，只招生400多位。学校原本有30多位日语专业老师，由于日语生源的大幅度减少，多出了20多位，怎么办？暑假，上墅私高的校领导为此事颇费脑筋，领导层有人建议辞退一部分日语老师。消息一传出，部分日语老师开始准备自找门路——有的想考公务员，有的想自己创业。

这些日语老师都是汤有祥亲自招聘，一个一个请进学校的，现在学校没有了岗位，汤校长觉得很对不起他们，但是一时之间也想不出好办法。

郑银凤得知后，对汤校长说："这些日语老师，大多已经在学校执教多年，为学校的发展作出了贡献。现在不能因为形势的变化，就让他们走。如果他们自己一定要走是另外一回事，但是不能给暂时没有岗位的日语老师出难题，这个难题应该由学校来解决。我建议职高班加第二外语日语，开设双外语，新开设的礼仪专业也加日语，这样就有一定数量的岗位来安排日

师母

语老师。办学不是为了眼前利益,即便暂时安排不完日语教师,他们不上课也要留在学校!"汤有祥想不到汤师母一番话说得很实际,一下解决学校的大难题,便赞许地说道:"汤师母的话很合我的心意,开设双外语是好办法!我好不容易把他们聘到学校,不能因暂时的困难,让他们离开!"

汤师母为汤校长出的点子——职高班开设双外语、新开设的礼仪专业加日语等,并非闭门造车,凭空想象,而是依据她敏锐的洞察力,对社会人才需求的变化作出的建议。

坐在办公室的郑银凤缘何知道社会瞬息变化的人才需求?

自从安吉上墅私立高中搬迁到递铺后,汤校长每年要通过省市报纸和电视台发布招生广告。这些招生广告分别介绍了学校职高、普高的招生名额和职高班的专业设置。

这些招生信息,不仅是求学家庭的需要,也为许多需要中职毕业生的用人单位提供了信息。

招生广告的咨询电话中有行政办的电话号码,所以,好多电话打到了郑银凤的座机上。郑银凤在接到家长咨询电话的同时,也接到不少省市单位人力资源部门打来的招工咨询电话。

这些招工咨询电话,为学校职高毕业生就业提供了机会。

多年下来,郑银凤和省市许多用人单位建立了良好的人脉关系,为学校职高毕业生就业开辟了绿色通道。同时,郑银凤也敏锐地感觉到——社会变化必然会带来人才需求的变化,这些人才需求的变化正是学校专业设置的重要依据,这也是郑银凤为什么能切合实际向汤有祥提出职高专业设置的建议所在。

汤有祥在探索和创新民办学校中曾率先在全国提出过许多"第一"的教育理念，其中有"立足市场办学、瞄准未来育人""实行订单招生、保障学生就业"等等，而郑银凤的这些建议契合了汤校长的教育理念。

后来郑银凤发现，中国的交通事业发展很快，尤其是航空和高铁，加上国际交往日趋频繁，乘务员需要多种外语，为此，她建议开设空中乘务专业和高铁乘务专业，增设英语、日语等语种课程等等。事实上，在壮大学校的过程中，汤有祥不止一次地采用过妻子对学校调整专业设置的建议。

以往暑假结束后，郑银凤辛苦了一阵子，等到开学不久后，疲劳的身体就会恢复如常，但是2011年的秋季开学一周后，郑银凤还是觉得很疲倦。9月7日一早，居住在教学二楼宿舍的郑银凤打起精神，走进了办公室。工作了两三个小时后，她觉得心口突然发慌，有点难受，走路双腿无力。一个多小时过去了，症状并没有消失。

上午9点，精神倦怠的郑银凤一个人走进了安吉人民医院，经内科沈医生的诊断，属于心脏房颤，需要住院，但是住院部一时腾不出床位，只能躺在走廊搭建的临时病床上等待。

心脏难受，靠着比躺着稍微好一点，郑银凤斜靠在病床上，试图让自己的心静下来。渐渐地，她发现心不慌了，难受的感觉也减轻了许多。下午3点多，经沈医生再次检查，心脏

没有大碍,告知汤师母已经不需要住院了。

出了院,繁忙的工作让郑银凤渐渐忘记了这次心脏发病的经历。

时年冬季的一天夜晚,汤有祥有事在外。

同是浙北地区,安吉的冬天气温比杭嘉湖三个城市要低一些,雪天来得早,时间也长。

铅色的天空洋洋洒洒飘着雪花,路面的积雪因白天师生们的踩踏化成了雪水,晚上少了行人,飘下的雪花融进雪水,在寒风中很快结成了薄冰。

自修课早已结束,郑银凤冒着严寒走出办公室,按惯例查看校园,看到学生宿舍楼的灯光已经熄灭了,便拖着疲惫的身体回自己的宿舍休息。

凛冽的寒风卷起雪花打在脸上,刺疼着肌肤,郑银凤踩着薄冰,在寂静的夜空发出"咔嚓、咔嚓"的响声,不知道是因为双脚无力,还是心里想着学校的工作,郑银凤双脚一滑,一个趔趄,便向后倒去,为了不让自己的髋关节受伤,在臀部落地的一刹那,她下意识用左手一撑,顿时手腕、手臂一阵穿心的疼痛袭来,人坐在地上,一时起不了身,便弯起左手臂,想抬起手掌,发现手腕、手掌都已经不听使唤了,心想:"麻烦了,弄不好手骨折了!"坐在地上的郑银凤感觉到无力和无助!

怕影响到汤校长的工作,郑银凤身体上有啥病痛,一般不会让丈夫为自己而分心,即便之前的房颤,她都不愿意和丈夫讲。但现在不去医院不行，自己一个人又没法去医院，于是郑银凤只好吃力地用右手掏出手机打电话告诉汤有祥。

汤校长接到电话，赶紧回到学校，将汤师母送到了安吉人民医院挂了急诊。医生给郑银凤拍片确诊为骨折，随即上了石膏，嘱咐汤师母要注意休息，尽量抬高患肢。

回到学校宿舍后，郑银凤便将医生的嘱咐抛在脑后，第二天一早，不顾手臂的肿痛，又走进了办公室。好在郑银凤习惯多用右手，所以对工作、日常生活影响不算很大。两个多月后，骨折痊愈。

2011年后，郑银凤的身体进入了多事之秋。

学智看到母亲身体不好，还在忙于工作，非常担心。为了缓解母亲的劳累，知道母亲喜欢唱歌唱戏，在2012年春季，学智代母亲在安吉县老年大学的声乐班报了名，学唱歌曲和越剧。上课时间是上午8点到10点，一周两个半天。开始郑银凤怕影响工作，在女儿的说服下，觉得确实应多关注身体，况且一周才四个小时，占用的时间也不长。为了不辜负女儿的一片好心，郑银凤走进了老年大学。在老年大学，郑银凤享受到了轻松而快乐的时光，但病魔并没有因此而退却。

2012年8月的一天，上午10点钟，在办公的郑银凤又发现自己的心突然慌了起来，因为有了一年前第一次心慌的经历，她觉得房颤算不上大病，只是常见的心律失常，"慌"一阵子会好的，所以没有立马去医院看病。可是到了晚上，郑银

凤躺在床上，发现心慌越来越严重，她靠在床上，想让心静下来，但过了12点还是难受得睡不着。她意识到这次发病比上次更严重了，但怕丈夫担忧，郑银凤还是没有告诉汤有祥，自己思量等天亮去看看医生再说。

第二天上午，安吉人民医院的沈医师给一早来就诊的郑银凤做了检查，听了汤师母对病情的述说，立即让她办了住院手续，做进一步检查和观察。

住院头几天，房颤并没有平复下来，经过沈医师的精心治疗，五天后心慌的迹象才慢慢消失。一周后，郑银凤出院。

过了三个月，郑银凤房颤第三次复发，又住进了安吉人民医院的病房，但是住了五天，心慌并没有消失。汤有祥也终于发觉了妻子患心脏病这件事，心里很担忧也很内疚。担忧的是，怕妻子的心脏出的是大问题，内疚的是妻子已经发病两次了，为什么没有引起自己的重视。"我忽略了银凤的身体健康"，担忧和内疚让汤有祥立马做出决定，要亲自陪同汤师母去杭州邵逸夫医院做一次彻底的检查。

2012年11月，汽车载着汤有祥和郑银凤急速奔向杭州邵逸夫医院。车子里，汤有祥不时地观察着妻子的神色，面对脸色憔悴的郑银凤，28年办学来，妻子为学校付出的点点滴滴又一次浮上了汤有祥的心头：

办校初期，为建校舍，她亲自进深山，购买、运输木材，用柔弱的身体搬移木材；

办校缺钱,她省吃俭用,东凑西借,筹集资金;

学生寄宿农家,为防不测,她和分管生活的老师一起深夜巡查;

学校扩建,她多次妥善处理拆迁户制造的种种棘手问题;

……

汤师母用爱心和智慧化解了建校中的一个个难题,把退休后的时间都给予了学校!

办校来,学校一次又一次扩张,是资金一次又一次的缺乏给汤师母带了压力?!还是学生一年比一年增多给汤师母带来了劳累?!

"学校每一个环节的发展都有汤师母辛勤汗水的付出!学校取得的成绩和荣誉都有汤师母的一份,我的荣誉里有汤师母的一半!学校管理离不开汤师母!"

汤有祥默默祈祷:"但愿省城医院检查银凤没有大碍!"

之前,郑银凤为治疗教师的疾病,曾亲自多次联系邵逸夫医院,为了减少教师来去的困难,还常常派校司机去医院接送教师,而自己却是第一次进邵逸夫医院看病。

车到医院,汤有祥搀扶着妻子走进了医院,院长蔡秀军亲自接待了汤师母,并派医院最好的心内科主任医师何红为汤师母诊治。

经 CT、核磁共振等检查结果,确诊汤师母患的是风湿性心脏病。何主任告诉汤师母,此病的原因是风湿热严重或反复

发作引起,也有可能从小有过高烧不退而留下的后遗症,后者如果没有劳累过度或者心情创伤是不会复发的。

这时郑银凤想起幼年有一次难忘的生病经历:8岁那年高烧,父母亲因为家里子女多,生活困难,没有钱带她去医院看病,小银凤连续高烧了九天九夜,也没有吃什么药,直到高烧九天后,才自己慢慢退烧康复。虽然从小到大,郑银凤也有小病小痛,但风湿性心脏病从来没有发生过,也没有因心脏不好进过医院。

检查后,何医师给汤师母配了治疗心脏病的口服药华法林,以防止房颤引起的血栓及局部短暂缺血。还特地关照汤师母,不要劳累,保持心情愉快,以免复发。

2012年,全家福

一周后，郑银凤在汤有祥的陪同下办理出院手续回到了学校。

　　虽然郑银凤出了院，但汤有祥心里明白，再也不能忽视妻子的心脏病了，以后妻子看病住院都要亲自去医院陪护。

　　2013年新年即将来临，学校好事频传：2012年底，上墅教育集团荣获了"浙商诚信示范单位"称号……2013年初，汤有祥赴北京参加"第十一届中国教育品牌创新峰会"，上墅私立高中获得了联合国等六单位颁发的"2012中国教育改革杰出贡献单位"荣誉称号，汤有祥荣获"2012中国教育改革杰出贡献人物"荣誉称号……

　　2013年1月18日，汤有祥从北京载誉归来，这让郑银凤心里也快慰不少，觉得近几年私立学校办学尽管还有不少阻力和困难，但是也逐渐得到了社会的认可，自己多年付出的辛劳也是值得的！便暗暗为自己助力：趁现在年纪不算很老，还可以协助有祥继续办学！

　　让郑银凤想不到的是，2013年2月后，自己的心脏病发病越来越频繁。每次发病都先住进安吉人民医院，如果住四五天不见好转，就必须转杭州邵逸夫医院。郑银凤的心脏病几乎三四个月复发一次，几乎每次都要转到邵逸夫医院治疗。

　　虽然房颤频发，唱歌时气都吐不出来，跳广场舞时上气不接下气，但郑银凤没有被病魔吓退，她试图通过上老年大学和晚上跳广场舞来排遣病痛，希望身体有逆转的奇迹发生。

师母

　　但事与愿违,病魔并没有因郑银凤的努力抗争而退却,反而变本加厉地折磨着郑银凤。进入下半年,郑银凤不得不停止了上老年大学和跳广场舞的娱乐活动。

　　是年8月,郑银凤一年中第三次进邵逸夫医院。汤有祥为了让妻子住得舒适一些,特地在住院部办了贵宾病房的入住手续。

　　贵宾病房由护士24小时值班。入住的第三天下午,郑银凤突然心跳加快,每分钟超过了200次,此时她难受得双眼紧闭。汤有祥和护士发现汤师母脸色不好,反复呼唤汤师母也没有回应,赶忙通知主任医生何红。何主任带了四五位医生急匆匆赶到病房,此时,郑银凤已处于昏迷状态,对于何主任的问话,没有任何反应。何主任一看郑银凤病情危急,一边发病危通知书给汤校长,一边将郑银凤送到急救室抢救……

　　汤校长手里捏着病危通知书,内心一片悲凉,但是他很快冷静下来,心想,此时如果自己乱了阵脚,会影响到汤师母的抢救,默默地告诫自己"冷静、冷静、再冷静"!

　　他没有将病危通知书打电话告诉在安吉的两个女儿,也没让跟随的驾驶员发觉,将病危通知书捏成一团塞进了口袋。

　　正当何主任对昏迷中的郑银凤准备采取抢救措施时,昏厥半个小时后的郑银凤突然苏醒过来,为了防止不测,何主任和参与抢救的医生们给郑银凤输液治疗。

　　翌日下午,在急救室打点滴的郑银凤又突然昏厥过去。发病的情况和一天前一样。何主任不得不向汤有祥发了第二次病危通知书。短短 24 小时，汤有祥两次收到了妻子的病危通知书，急得冷汗直冒，紧张的心悬到了喉咙。此刻，学智也正好赶到医院看望母亲，想不到自己离开医院时母亲好好的，才过了两天，母亲就病重危急，心疼得直掉眼泪……然而，让大家意想不到的是，昏迷中的郑银凤似乎听到了亲人们的呼唤，慢慢地苏醒过来。

两次病危，两次自己苏醒，也查不到直接导致郑银凤的两次病危的原因，这让在一旁抢救的何主任不禁感到奇怪。但有一点，何主任是清楚的，郑银凤的心脏二尖瓣膜关闭问题严重。之后几天，郑银凤慢慢处于恢复状态。

有一天，病房检查完毕，一位心脏外科医生走进郑银凤的病房，对她说："汤师母，你的心脏二尖瓣膜关闭出了问题，这是风湿性心脏病引起的，已经很严重了，建议你尽早进行心脏二尖瓣膜置换手术。"

听了外科医生的建议，这让郑银凤更加确信自己的心脏已经出了严重的问题，但是对于外科医生置换瓣膜的建议，郑银凤还是心存疑虑。于是她请教何红医师"要不要动手术？"何医师还是建议郑银凤采取中西医结合保守治疗。听何医师这么一说，加上郑银凤自己也不想动手术，于是选择再坚持一阵子看看再说。

这一次在邵逸夫医院住院较前几次来说是最长的，住了十

多天郑银凤才出院。

然而，回来三个多月后，郑银凤又遭遇了心脏发病、住院治疗的经历。面对心脏犯病逐渐加快的频率，郑银凤渐渐地认识到，也许邵逸夫医院外科医生的建议是对的，不做心脏瓣膜换置手术不行了。

三

2013年，一部记载安吉报福、孝丰汤氏的《汤氏宗谱》时隔99年续谱后与世人见面，并先后送到了湖州市和安吉县等图书馆。而这部《汤氏宗谱》的来历，要追溯到2005年清明节郑银凤去报福镇汤家村扫墓那次经历。

汤有祥父亲的墓在上墅村（后来母亲过世后也葬在上墅村），但其祖父、祖母和太公、太婆的墓在报福镇汤家村的祖坟山。

汤有祥和郑银凤结婚后，由于教学工作繁忙，清明没时间去扫墓，婆婆年岁大，腿脚不方便，所以也没法扫墓。1976年开始，郑银凤便约上汤有祥的哥嫂弟媳，一起去扫墓。

汤家村祖坟山的墓地常年没有修缮，除了坟地边上有一个属于汤有祥家祖坟的小水塘外，眼前整个墓地一片破败：坟墓土丘裂开，杂草丛生……每次清明扫墓，郑银凤和哥嫂弟媳都要清理墓地，但除了拔拔杂草，也改变不了墓地的破败状况。

所以郑银凤一直心存要修缮墓地的念头。让郑银凤无奈的是，刚计划修缮墓地，1995年清明扫墓，她突然发现在距离坟地两三米的地方造起了两间平房，里面住了一个孤寡老汉。"即便要修缮坟地，这房子竖在眼前，也没有办法了。"后来一打听，这房子是汤有祥的一位汤氏堂侄孙盖的。房子造好后，租给了现在居住的孤寡老汉，如此一来郑银凤想修缮墓地的愿望只好暂时搁置。

2000年7月6日，学校已放暑假，郑银凤在办公室忙碌。突然汤家村的那位汤氏堂侄孙走进了汤师母的办公室，他一见郑银凤就说："阿婆（按照辈分称呼），不好意思，我今天上门向您借一万五千元。我在银行贷款的一万五千元到了还贷的时间，手头没有钱，想通过阿婆救个急。我向您保证，等将坟地边的房子卖掉后，立即还给阿婆。"

汤师母听到汤有祥祖坟边上的房子要卖，赶紧问道："你房子卖给了谁？"堂侄孙答："现在的租客。"问："卖了多少钱？"答："一万五千元。"问："钱付给你没有？"答："没有，有我就不来借了。"

汤师母听罢便放下心来，说："既然租客还没有付款，那么你就把房子卖给我们，租客不是汤氏，汤校长是你的同族，还是你的长辈，应该卖给我们。我给你一万五千元，这样你不需要借钱了。"

堂侄孙想："对呀，我卖给租客还不如卖给汤氏本族，贷款

的钱不需要借了。"不仅爽快答应了汤师母,还说:"现在阿婆要修缮祖坟,我也有责任保护汤氏家族的坟墓。"于是郑银凤赶紧打电话给汤有祥及弟兄,让他们赶紧到办公室见证,和远房侄孙一起在买房协议上签了名。

买房协议签好后,郑银凤安排人力,将祖坟边上占地112平方米的房子拆掉。

2001年清明,郑银凤和哥嫂弟媳在扫墓的同时,开始规划墓地怎么修缮。郑银凤发现,想要修缮好,还得买下墓地边上的汤氏宗亲约80多平方米的自留地。2004年清明节扫墓时,郑银凤便和汤有法、汤有明一起和自留地主人汤氏宗亲协商,汤氏宗亲觉得出让自留地是为了修缮祖坟需要,当场便答应了。郑银凤和汤氏宗亲约定于12月,由汤有祥三弟兄和自留地主人汤氏宗亲签约。并和汤有祥商定来年清明举行墓地修缮动土仪式。

修缮墓地的所有安排,汤有祥三兄弟都听郑银凤的,在外人看来有点不太理解。但三兄弟明白,汤有祥工作忙,没有时间和精力来操持修缮祖坟,加上汤有祥一向对妻子十分信任,所以不插手,也很少过问。

郑银凤嫁给汤有祥后,和汤有明、汤有法及他们的妻子相处融洽,有明和有法也很佩服这位"弟媳"和"嫂子"的为人处世风格:"为汤家有这样的媳妇而感到庆幸!"在这次修缮祖坟中,他们想不到的事,郑银凤不仅想到了,而且做得很周全,所以对郑银凤很信赖。

修缮墓地的前期准备工作花了三万多元,郑银凤匡算了一下,修缮好,估计超过五万元。在动工前,郑银凤当着汤有祥对汤有明、汤有法说:"修缮墓地的一切费用由我们出,汤有祥工作忙没有时间参与修缮墓地,监督修缮墓地的工程由阿哥、阿弟来负责,阿弟有自己的工厂,忙一些,监督工程以阿哥为主。"汤有明和汤有法听罢心想:修缮祖坟的经费本应由汤氏三兄弟均分,现在弟媳(哥嫂)提出他们家负责修缮祖坟的全部费用,作为兄弟监督工程责无旁贷,于是立马答应。

汤家村的祖坟山有汤氏的祖坟,也有其他姓氏的祖坟。2005年清明,汤家村的村民看到郑银凤和汤有祥的哥弟、妯娌来墓地动土,纷纷过来观看。

此时,郑银凤突然想起了汤有祥曾和她说过的一件往事,汤有祥有一位比自己大近30岁的"有"字辈堂哥曾经收藏一部《汤氏宗谱》,于是她对前来观看墓地动工的汤氏宗亲说:"村里曾经有汤氏祠堂,宗亲的祖坟地也都集中在这里,你们各位家里有没有祖传宗谱?"在场的其中有一位汤氏宗亲说:"'文革'中,有《汤氏宗谱》的汤氏宗亲家里基本上都当'四旧'抄走或烧掉了,汤友财今天没有来,他家里可能有一套《汤氏宗谱》。"

听到这一信息,郑银凤当场没有说什么,但心想,有机会到汤友财家里去一趟。

师母

过了几天,郑银凤约上汤有明和汤有法,去登门拜访汤友财。

一进汤友财的家门,郑银凤就笑着上前对汤友财说:"算起来你和汤有祥都是'有(友)'字辈,同辈分,你比汤有祥年长,我们应该称你友财哥。"之前汤友财和汤有祥不常走动,属于疏远的汤氏宗亲,今天郑银凤进门这番话,马上缩短了彼此的距离。汤友财热情地招呼他们坐下喝茶,主动热聊起来。

等汤友财打开了话匣子,郑银凤开始切入正题,便道:"我听有祥说,汤氏'有(友)'字辈有一个年龄最大的堂兄,他被修入《汤氏宗谱》,并藏有一部《汤氏宗谱》。不知道友财哥有没有看到过《汤氏宗谱》?"

汤友财说道:"《汤氏宗谱》我家里藏有一部。"郑银凤马上接上话:"友财哥能不能拿出来让我们看看?"汤友财从里屋用双手捧出了修于1920年的《汤氏宗谱》,宗谱共有八册,由于经历了85年,宗谱的纸张出现了虫蛀、破页。汤友财告诉郑银凤:在"文革"期间,为了怕宗谱被作为"四旧"毁掉,他小心翼翼用牛皮纸(黄褐色的包装纸)将八册一册一册分别包好,搁在房顶的横梁上,如果有人抬头看梁,很难察觉藏有宗谱。为了防止受潮,每年的农历六月初六,汤友财要偷偷将宗谱从梁上取下,生怕别人看到,不敢拿到屋前朝南的晒谷场晒,而是在楼上找个临窗有阳光的地方,铺开晾晒。多亏汤友财的一片苦心才将汤家村唯一一部《汤氏宗谱》完整保存下来。

这部《汤氏宗谱》主要记载了被称为"上汤"的报福汤氏和被称为"下汤"的孝丰汤氏。之前郑银凤还听汤有祥说过,他的太爷爷是当地有名的中医,也是殷实人家,但不知道太爷爷的大名。

郑银凤迫不及待地接过《汤氏宗谱》,小心翼翼地查阅宗谱,查到了汤有祥的太爷爷名汤学澜及其儿孙的记载,方知汤有祥三弟兄是汤学澜第三任妻子所生的汤氏后代。也明白,汤有祥的"有"按照宗谱辈分取名应该为"友",断定汤有祥的父母取名时因没有看到宗谱,便将"友"字辈错写为"有"。便对有明、有法说:"没有宗谱,你们弟兄取名的时候,只求字音,不讲字意,都写成了'有',应该是朋友的'友'。"友财马上接上话茬:"我友财的友就是朋友的友。"

一阵欣喜后,郑银凤便夸奖汤友财:"你收藏这部《汤氏宗谱》功劳很大哎,你为汤氏宗亲做了件大好事!"在场的有明、有法也翘起大拇指,齐声夸奖友财收藏《汤氏宗谱》了不得!但兄弟俩更佩服郑银凤寻觅《汤氏宗谱》锲而不舍的精神。

在扫墓回来的路上,郑银凤心想,这部《汤氏宗谱》已经破旧了,有必要复印一部收藏在自己家里。

于是趁察看墓地工程进程之际,郑银凤又约兄弟俩上汤友财家里,开口向汤友财借宗谱。并承诺借一个月时间,复印后

马上送回。但汤友财不放心将这部珍藏了85年的《汤氏宗谱》交给郑银凤,便说:"这部宗谱很破旧,如果拿去复印,翻来翻去,书要散掉的。"就这样婉言拒绝了郑银凤和有明、有法的请求。

虽然汤友财没有答应。但郑银凤也没有放弃借《汤氏宗谱》的想法,回到学校,考虑到汤友财的顾虑,她请教了几个老师:"破旧的宗谱可不可以修补?"有老师告诉她,校档案室的应桂林老师擅长修补旧书籍,估计应老师会修谱。郑银凤便当面咨询了应老师,应老师答应帮助修缮旧宗谱。

对修缮旧宗谱有了底,郑银凤又抽时间再次和有明、有法一起来到汤友财家中,郑银凤从包里掏出准备好的500元现金,放在桌上,说道:"友财哥,你不要嫌弃钱少,这500元作为押金放在你这里,你将《汤氏宗谱》借给我,你看怎么样?"她看汤友财没有表态,便接着说:"友财哥,你不用担心宗谱散掉,我会修复好还给你。"汤友财心想,弟媳这么真诚,现在又答应帮助去修复这破旧的《汤氏宗谱》,自己没有再拒绝的理由了,于是同意把《汤氏宗谱》交给郑银凤。

汤有祥之前从妻子口中得知了汤友财家里收藏了《汤氏宗谱》这件事,也对自己的家世略知一二,如今,平生第一次看到眼前厚厚一叠的《汤氏宗谱》,知道了太爷爷汤学澜及爷爷、父亲的事迹,作为汤氏后裔,顿觉家族的绵延不息所带来的生命厚重,又一次深切地感受到到汤师母的用心良苦!

宗谱的纸张是宣纸，学校的复印机不可以复印，郑银凤请人找遍了递铺城，也找不到可以复印宣纸的地方。于是她就让李航老师拿到杭州复印了两部《汤氏宗谱》。李老师复印回来后，郑银凤就请校档案室应老师将复印的两部每部各装订八册，然后再请应老师修复那部破旧的宗谱。

一个月后，当汤友财从郑银凤手里接过修复好的《汤氏宗谱》时，开心地说："谢谢弟媳！想不到宗谱修得这么好！"心中对汤师母刮目相看，便将500元押金还给汤师母。郑银凤是一个重情义的人，她把押金放在桌上，说："友财哥对汤氏宗亲有贡献，这钱你不嫌少就收下吧！"

不久，墓地修缮工程完工，草坪、茶花、青松替代了杂乱的野草和灌木。修缮好的墓地焕然一新，原本不起眼的20多平方米方形小池塘也精神起来，在微风的吹拂下泛起了清澈的涟漪。村民亲眼目睹这小池塘的神奇之处：无论雨季还是旱季，池水从不满溢也不干涸。便有人打趣地对郑银凤说："你家的墓地风水好！这水塘像砚台，有祖上保佑，所以你们汤有祥办学能办得好！"

村民这话仅作玩笑话而已。郑银凤心想，也许是他们对这次修缮墓地的一种赞许！不管怎样，郑银凤听了也很高兴。

"汤有祥手中有一部《汤氏宗谱》。"渐渐在安吉县城的汤姓人群中传开，他们纷纷向汤有祥求复印的《汤氏宗谱》，在杭州复印仅两部，不可能满足大家的要求。其中有位叫汤朝忠

的老先生,其儿子定居于美国,他生怕时间长了,海外的下辈就不知道自己的根在哪里。现在有了《汤氏宗谱》的传承,汤朝忠的担忧一扫而空,他喜出望外,要把这部《汤氏宗谱》传到远在美国的儿子手里,要求汤师母借给他去复印,再拿回来。汤师母一口应允。汤朝忠一下子复印了20部《汤氏宗谱》。

一晃到了2009年。有一天,汤有祥对郑银凤说:"我了解到安吉近几年,续谱很盛行,《汤氏宗谱》已经中断89年了,也应该续谱。""这肯定好呀!得找递铺有文化的汤氏商量商量续谱这事。"

郑银凤认识递铺镇上的两位姓汤的有文化的老先生——《安吉报》创始人、前总编汤朝荣和县机关退休的汤为杰,于是打电话给他俩,请他们到校商量。想不到汤朝荣和汤为杰一致赞同,还愿意为续谱出力。商议决定:成立了以汤有祥为组长的九人续谱领导小组,同时组成了汤朝荣、汤为杰等七人参与的续谱编委。汤有祥和郑银凤站出来表态:"修谱的主要费用我们来承担!"

《汤氏宗谱》续谱工作在大家的努力下,紧锣密鼓地进行。编委热情四溢,不辞辛劳地深入安吉全县各地山村,寻访汤氏后裔,经过数月的努力,寻访到汤氏后裔100多人。

按照中国家谱、宗谱续谱的旧传统,女性是不能入自己本姓族的家谱,而丈夫家的族谱,妻子只记姓、不记名。如今汤师母为发现《汤氏宗谱》出了大力，续谱的编委们随即面临一个问题：郑银凤该不该修入《汤氏宗谱》？

有人认为，《汤氏宗谱》重见天日虽然离不开汤师母的努力，但按照宗谱惯例，所有的宗谱事迹记录都是本姓氏的后裔，媳妇是别的姓氏，是不可以记的。郑银凤进《汤氏宗谱》最多记入"汤郑氏"。赞同将郑银凤记入宗谱的成员认为，家谱、宗谱记男不记女，这是几千年封建社会对女性的歧视造成的，现代社会提倡男女平等，即使郑银凤没有发现《汤氏宗谱》，但在汤有祥办学道路上，郑银凤付出了大量的心血，是有功之人，凭这点也应该把郑银凤的事迹记入宗谱。

大家喋喋不休的争论，也传到了郑银凤的耳朵里。郑银凤听了心里不是滋味，她觉得，这不是自己记不记入宗谱中的事，这完全是对女性的歧视，中国封建社会已经过去了百余年，难道现代女性还是丈夫的附庸么？但想到自己近几年房颤频发，便自己宽慰自己，当初自己发现宗谱并非为了要将自己记入宗谱，别把这事太当回事而影响了自己的身体。

汤有祥知道了编委的不同观点，便站出来对编委们说，汤师母为办校所作出的贡献大家是有目共睹的，既然自己的办校事迹写入宗谱，那么汤师母所作出的贡献也应该写入宗谱。再说女性不进宗谱是旧黄历了，国家倡导男女平等已六十多年，汤师母的生平事迹记入《汤氏宗谱》天经地义。

听到汤有祥站出来说话，反对的人也转变了观念。大家同

意将郑银凤的事迹记入宗谱。

修入郑银凤生平事迹的文字表述是：

《郑银凤　第十九世孙媳》郑银凤，女，一九四八年五月二十日出生于安吉县章村章里。一九七四年元旦与汤有祥结缘，为汤氏家族第十九世孙媳。一九七四年一月加入中国共产党。初中文化（此为实际学历——《师母》作者注）。一九六二年十月在安吉县上墅乡邮电所工作并先后担任（乡）机关团支部、党支部工作。一九八〇年起任所长，担任所长十八年。邮电工作三十七年，为国家的邮电事业作出了贡献。一九八四年以来，全力支持丈夫创业，创办了新中国第一所私立高中——上墅私立高中。为全身心支持和投入办学，放弃了个人利益，提前两年于1998年从上墅乡邮电所退休，更是全力协助汤有祥处理办学中的一系列难事要事。

一九八四年，为了给中考落榜生提供继续读书的机会，在郑银凤的全力支持下，汤有祥毅然向安吉县教育局申请私人办学。一九八五年，为了建设上墅私立高中校舍，郑银凤毅然放弃家庭一切利益，在已打好基脚的宅基地上建校舍，并把建房的七千多元的建筑材料全部用于学校建设。郑银凤在上墅乡邮电所工作期间，工作繁忙，在做好本职工作的同时，又要料理家务，照顾两个女儿学习。本职工作兢兢业业，业余时间更为辛苦，劳心、劳神、劳力协助创办学校工作。造新建校舍资金不足的困难时期，她积极向亲朋好友和当地金融机构借款，为新学校的建设筹得五百万元，解决了建校的燃眉之急。郑银凤还不辞辛苦，有时晚上十二时还在深山跟着拖拉机运回木料，不怕苦、不怕累，为赶时间抢进度，多次到董岭、港口、山川、白水湾、羊山坞等地采购木料、毛竹等，风里来，雨里去，解决新建学校建筑材料和资金问题，同时还担负许多烦琐基建中的管理工作，有条有理，件件落实，事事完成。学校面临难以为继的关键时刻，郑银凤当天赶到县城找到县委书记胡伟，并取得县委书记的支持，排除干扰，为创建新中国第一所私立高中作出了不懈的努力与无私的奉献。

从一九八四年上墅私立高中创建到二〇一二年的二十八个春秋，郑银凤认真负责地做好学校管理，特别是校园建设、生态环境、卫生安全等方面，精心安排，科学合理，既细致又周到，并给众多的教职员工在工作、生活各方面的人文关怀，在师生中留下了深刻的印象和好评。在学校每年的招生工作中，做到准确定位，以身作则，为人师表，勤俭节约，为学校发

展广开生源，合理收费。年年与贫困生结对资助，为贫困生减免学杂费并给予生活补助，真正做到了育人为本。每年为职高学生的初训实习积极联系安吉的相关企业，做好具体安排和资料工作。为贵州贫困地区来宇翔外国语专修学院学习的六名学生减免三年学费并给假期回家路费，共计人民币十八万元。毕业后为他们安排工作，真正解决了学生的后顾之忧。

为拓展中外合作办学、输送本校学生出国留学，每年二百余名，给学生出国留学开辟绿色通道。郑银凤随汤有祥多次出国访问，先后到过日本、澳大利亚、德国、法国、瑞典、南非、菲律宾和韩国等，与国外有关院校签订合作办学和交换留学生的协议。多次接待日本、韩国等院校的师生来访。二〇〇八年十月接待来访的德国副市长苏特娜。在日本受到了日议会领导的接待，并参观议会大厦。在澳大利亚受到了西澳州教育部副部长的亲切接见，在德国受到了德国参议员接见，在菲律宾受到议长的亲切接见，在瑞典受到了欧盟主席的亲切接见，在韩国受到永同市教育厅长的接见，并为开展中外合作办学和国际文化交流作出了贡献。

学校社会影响越来越大，毕业生已有三万余名。郑银凤与汤有祥一起在北京受到了全国人大常委会副委员长雷洁琼亲切接见，受到了全国政协副主席张怀西和人大常委会委员王佐书、朱永新等亲切接见。民进中央领导每次来校视察期间，郑银凤都诚恳热情地接待并妥善安排。先后接待过的有：全国政协原副主席、民进中央副主席张怀西，全国人大常委委员、民进中央副主席王佐书，全国人大常委会副委员长、民进中央主席严隽琪等。

郑银凤是安吉县抗癌协会成员，是上墅乡上墅村老年协会名誉会长，在精神上、物质上、经济上都给两个协会大力支持。配合当地政府出钱出力，建设美丽乡村。

郑银凤全力支持丈夫汤有祥的民办教育事业。从上墅私立高中的创建，到筹办并建立宇翔外国语专修学院、浙江中电数码有限公司、安吉国际假日酒店等。在创办上墅教育集团的多种事业和企业过程中，全力做好各项资金调度的工作和后勤保障工作。二〇一一、二〇一二年又为上墅教育集团筹办宇翔驾校出谋划策，使集团事业有了新的发展。

2011年6月30日，"《汤氏宗谱》续谱动员大会"在上墅私高的职高会议厅举行。来自安吉全县各地的100多位汤氏宗亲终于第一次见面。之前，大家即使面对面也不会相识，只会

师母

擦肩而过。如今一部《汤氏宗谱》把大家凝聚在一起,虽是初次见面,却一见如故。动员大会上无须更多的语言,血脉凝聚的感召力很快让大家统一了思想。为了《汤氏宗谱》续谱顺利完成,大家纷纷表示:有钱出钱,有力出力,善始善终,完成续谱,传承好《汤氏宗谱》。

2012年年底,在编委的努力下,《汤氏宗谱》续谱顺利完成。在没有发现《汤氏宗谱》之前,安吉的汤氏排辈取名渐渐不那么严格了,不仅汤有祥的"友"字辈排错了字,汤有祥和郑银凤的两个女儿学智和学慧的取名也和汤有祥的太爷爷汤学澜的"学"字辈撞了车。于是在续谱时,汤有明、汤有祥、汤有法三弟兄的名字都改为汤友明、汤友祥、汤友法,汤学智和汤学慧的名字也按照宗谱辈分改为"朝"字辈记入。

《汤氏宗谱》续谱完成后,郑银凤寻访到江苏宜兴一家专门印制家谱的印刷厂,共印刷了200部。这部续好的《汤氏宗谱》也成为安吉全县最考究精致的一部宗谱。

2013年金秋,100多位汤氏宗亲再次云集上墅私高职高会议厅,兴高采烈地参加《汤氏宗谱》续谱发行仪式。此时的郑银凤刚从邵逸夫医院出院,虽然身体虚弱,但是她还是高高兴兴地参加了《汤氏宗谱》的发行仪式。

仪式上,续谱领导小组组长汤有祥向每位汤氏宗亲发放了一部《汤氏宗谱》。对于家庭经济拮据的汤氏宗亲,则免费赠送一部《汤氏宗谱》。

发行仪式结束，与会者合影留念。汤有祥和郑银凤又安排大家到国际假日酒店四楼聚餐。聚餐的汤氏宗亲有17桌，为了调节气氛，汤校长拿起话筒唱了一曲《大海航行靠舵手》，现场气氛马上热烈起来。此时，郑银凤突然接过汤有祥手中的话筒对大家说："今天为庆祝《汤氏宗谱》续谱顺利完成，大家欢聚一堂，我提议有才艺的汤氏宗亲可以露一手，我是汤氏十九世孙媳，唱一段越剧《九里桑园访兰英》为大家助兴。"话音一落，大家击掌。在一旁的汤有祥看到妻子的举动有点惊讶，汤校长深知汤师母有唱歌唱戏的业余爱好，之前汤师母身体好时，无论两人私下相处，还是在聚会场合，他都多次听妻子唱过越剧、黄梅戏等，心里也佩服妻子唱歌水平不错，不仅嗓音高亮，而且唱得也很准，不像自己要跑调。但自从2011年秋季心脏病缠身后，妻子很少开口唱了。尤其这段时间由于经常住院，讲话也常显气息不足，今天怎么会在大庭广众，要唱如此高难度的越剧呢？

郑银凤自己也觉得，遭受心脏病的多次折磨，精气神已大不如前，唱歌唱戏比之前吃力。但是今天日子不寻常，因自己的努力，让《汤氏宗谱》有了一个圆满的结局，她心里很高兴，便忘记了虚弱的身体，凭着对越剧的喜爱和多年学唱的积累，一开口，越剧的韵味依然："走啊，路调大姐得音信，九里桑园访兰英……"汤师母一亮嗓，流畅婉转的尹派越剧唱腔就博得满堂喝彩！如有音乐磁带伴奏，这五分多钟的唱段中间可

以因"过门"稍有歇息,但郑银凤是清唱,一句一句唱词之间不能停顿,她自己也觉得奇怪,此时的心脏能让她将这长长的唱段一口气顺利唱完!

汤师母唱罢,汤校长向汤师母投以赞许的目光,全场又一次响起热烈的掌声。在汤校长和汤师母的带动下,许多会唱的汤氏宗亲,也争先恐后接话筒开嗓,场面热烈融洽。

《汤氏宗谱》不仅为传承安吉姓氏文化出了力,而且建立了汤氏宗亲互帮互助的人际脉络。大家都非常感激汤师母和汤校长,心里都清楚如不是汤师母找到《汤氏宗谱》,《汤氏宗谱》不可能续修,汤氏宗亲也不可能彼此相识,更不可能互帮互助。梅溪镇汤友功说:"因为有了《汤氏宗谱》才认识了汤校长,知道了汤校长有能力,汤师母热心善良,所以我家的茶厂在厂房拆迁中遇到的困难,便找了汤校长、汤师母帮忙,汤校长和汤师母在百忙之中帮助我解决了困难,我心存感激!"

四

教师队伍日趋庞大,进来的教师多了,难免也有不少辞职离校的。

凡是辞职的教师,他们都习惯要先和汤师母商议,告诉她辞职的原因。他们要让心中信赖、敬重的汤师母知道,辞职是自己的原因,不是学校教学环境不好或者是待遇等问题造成的。汤师母对每位老师的辞职,第一反应是挽留,问清原因,想方设法帮助他们解决困难。实在没有办法挽留,也会真诚地告诉辞职的教师:"哪一天你想回到上墅私中教书,学校的大门永远为你敞开。"郑银凤也不希望教师的辞职是因为学校管理不善,她认为如果一个单位留不住人才,那是管理上的失败。

每一位老师的辞职离校,郑银凤心中充满了一百个舍不得。

家在东北的邵建华是学校的政治老师,在上墅私高普高部教书已七年了,因教学水平好,学校常让她负责毕业班的教学。转眼待在东北的女儿到了上学的年龄,丈夫希望她辞职回家乡工作,郑银凤得知后第一时间挽留,答应邵老师,帮助其将丈夫的工作调动到递铺,并安排其女儿在递铺就学。邵老师打心眼里感谢汤师母的一片好心,但她告诉汤师母,因公婆年岁已大,不希望儿子离家到南方工作,所以只能选择辞职。

正当郑银凤为邵老师辞职离校感到遗憾和舍不得时,无独有偶,教普高的政治老师弋粉丽也要辞职,原因是弋老师已30岁了,要回外省老家结婚。婚后,双方父母都希望子女在身边工作,所以也只好辞职。

两位普高的政教老师都是学校的骨干,同时辞职,这让郑银凤心中依依不舍的心情难以排遣。于是她利用了课余时间,召集了普高班十多位和邵老师、弋老师工作接触多的同事,请他们到国际假日酒店,专门为邵老师和弋老师举行一场欢

送会。

大家到场后，郑银凤说："今天欢送邵老师和弋老师，两位老师在学校都是骨干教师，教书都教得很好，现在她们各自都有特殊原因，辞职离开学校，我很舍不得。为了感谢邵老师和弋老师多年的辛勤工作，表达学校对两位老师的情谊，今天我代表汤校长，请大家一起用歌声送别两位老师！"

《雁南飞》《菊花台》《忘情水》《月亮代表我的心》……大家用一曲接一曲的歌声互相祝福，表达情谊。

等到大家唱兴已酣，郑银凤说："我唱一首《送战友》，送给两位老师，表达我的不舍心情。"随即郑银凤唱道："送战友踏征程，默默无语两眼泪，耳边响起驼铃声；路漫漫雾蒙蒙，革命生涯常分手，一样分别两样情。战友啊战友……"唱着唱着，郑银凤掉下了眼泪，在场的女教师都被汤师母的歌声打动，泪眼婆娑，此时郑银凤嗓音哽咽，唱不下去。在场的男教师——顾老师接过汤师母的话筒，唱完了最能表达汤师母和大家此刻心情的歌曲。

进入2011年，学校送走了邵老师和弋老师，但也迎来了辞职回归的老师。

春季开学在即，对曾经在上墅私高任历史老师的李春霞来说，心里充满了迷茫，懊悔当初不该擅自离开上墅私立高级中学。

李春霞老师是黑龙江人，2002年大学毕业后，应聘进上墅私立高级中学任历史老师。2004年，和同校的英语教师鲁军结婚。鲁军的表哥在杭州四季青开了一家服装店，做服装批发生意。李春霞看到鲁军表哥生意做得不错，梦想"在服装批发行业分得一杯羹"。于是和鲁军商量："凭我们的能力，去四季青开家服装批发店，应该也能经营好！"李春霞和鲁军意见统一后，便由李春霞向校办公室主任徐海虹提出了双双辞职的想法。

徐海虹向汤师母告知了李春霞和鲁军双双辞职经商的请求后，郑银凤就让徐海虹设法挽留。但是李春霞老师决心已下，态度坚决地要辞职"下海"。

离开学校后，李春霞和鲁军在四季青租了店面、办理了经营许可证……经过一系列筹备后，服装店如愿以偿在四季青开张。正当李春霞憧憬自己的财富梦时，现实就给了她当头一棒：夫妇俩苦心经营，早起晚归，但生意惨淡。经营半年没有亏本，也没赚到钱。这个时候，李春霞才知道，教书和经商，隔行如隔山，生意失败是自己盲目自信、缺乏经商经验所致，后悔不已！

2011年，春天来临，当李春霞徘徊在前程的十字路口之时，郑银凤也正好从徐海虹那里得知了李老师生意不好的消息。于是她立即拨通了李春霞的电话："李老师生意好不好？"听到李老师生意艰难的情况后，郑银凤语气温和地说："李老师，如果经商这条路太艰难，你和鲁老师一起就回学校吧，学

生也喜欢你们上课,继续做老师,学校的大门将永远为你们敞开……"郑银凤的话未说完,李春霞的泪水已经滑落到嘴边。窗外飘着早春的小雪,而李春霞却真切地感受到一股暖流在心中流动。

2012年春季开学,因鲁军要处理关店后续的事情,李春霞先回到了学校。郑银凤还特地关照徐海虹:李老师虽然中断了教龄半年,但是待遇和以前一样不变,鲁老师回校后待遇和李老师一样处理。半年后,鲁军也回到了学校,继续教书。

时隔多年,李春霞常常回忆起汤师母对自己关心的一件件往事:当年辞职下海迷茫时,汤师母主动打来暖人肺腑的电话;自己脚伤后,汤师母安排车子接送……心里充满了对汤师母的感激。她说:"汤师母的宽容,让我看到了未来的路;她那善意的举动,一直温暖着我的心房。"她觉得自己只有努力工作才能报答汤师母,现在李春霞已经成为安吉县高中教学历史学科的骨干。

和李春霞老师一样,王丹也经历了辞职到回归三尺讲台的心路历程。

王丹是土生土长的安吉人,1995年进上墅私立高级中学学习日语专业,1998年毕业后,因当时没有高等院校的日语专业招生,王丹便由汤校长介绍到杭州日资企业工作。

王丹从小就有当教师的职业梦想,当有同学告诉她,母校上墅私立高级中学正在招聘日语教师时,她毅然辞掉了杭州的工作，2001年秋季，应聘进了母校当了一名日语教师。王丹是一位有责任心的教师，在学生和家长中口碑不错，2002年春季，学校领导就让她担任班主任。

做学生思想工作、值夜班……近十年，日复一日的班主任工作，开始让王丹厌倦。当时家里的家具厂正办得红火，朋友提议和王丹一起在递铺镇开一家家具店铺，正契合了王丹当时的心态。于是她向汤师母提出了辞职开店的要求。郑银凤心里是不同意的，但也只能劝说挽留，然而王丹要离开学校的决心已定。那天，王丹正式向汤师母道别，汤师母语重心长地对王丹说："你读书在上墅私立高中，工作也在上墅私立高中，从小姑娘到结婚当妈妈，我看着你长大，把你看作自己的女儿，很舍不得你走……"说着说着，郑银凤和王丹都掉下了眼泪。临别时，郑银凤对王丹说："你的工作得到了家长和学生的认可。我还是希望你以后回到学校工作。"

2011年春季，王丹和朋友合伙的衣柜店在递铺迎宾路开张，生意还不错。在开店后不久，王丹就接到了汤师母打来的电话，关切地询问生意情况，并表达随时欢迎王丹回归学校教学工作的愿望。后来的两三年中，郑银凤心脏经常发病，但心中挂念着王丹回校的事，她先后让校教务处主任、校办公室主任给王丹打电话："希望王老师回学校教书。"王丹在经营店铺的这几年中，静下心时，也曾经多次问自己："做生意和当老师相比，自己到底喜欢哪个职业？"渐渐地她发现内心还是割舍

不掉当初的梦想——三尺讲台。有了之前汤师母和教务处主任等多次让她"回校教书"的电话,王丹也有了回归教师队伍的底气。2013年秋季开学前,王丹把店铺交给了信任的店长管理,回到了"三尺讲台"的母校。

在一个可以自由选择职业的年代,跳槽是正常不过的事,在上墅私高办校的近四十年时间里,虽然有不少教师陆续辞职,除了像邵老师和弋老师那样确实有实际困难的,他们中的绝大部分教师都像李老师和王老师那样重新回到了上墅私中,汤师母不仅以理解的心态来对待每一位教师,而且总是用双臂去拥抱每一位回归的教师,用上墅私高副校长徐海虹的话来说:"汤师母在校园创造了一种宽容文化!"

徐老师这样说,是因为曾任校办公室主任的她不仅和汤师母一起迎接了许多辞职和回归的教师,而且自己也经历了从辞职到回归的难忘历程。

1991年,徐海虹大学毕业后,在安吉县城一所公办中学任教。2001年应聘到上墅私立高级中学担任物理老师。

徐海虹工作能力强,汤校长将徐老师调到校办公室任主任。虽然徐老师在学校受重用,但是她有一心病,原因是应聘到上墅私高后,原来的公办教师编制被上级教育部门取消了。2011年春,安吉另外一所民办学校找到徐海虹,向她承诺:不仅可以解决徐老师公办教师的编制问题,还聘请徐老师担任该校的副校长。

第八章 呕心沥血

那所民办学校开出了优渥的条件,让徐老师动了心,萌生了离开上墅私立高级中学的想法。

在办公室工作的两年时间里,徐老师深知汤师母善解人意,于是向她倾吐了自己的心声。郑银凤听后,觉得现在学校确实没有办法帮助徐海虹保留公办教师的编制,而兄弟学校既然可以解决这一难题,那么徐老师要跳槽,情有可原。当徐老师离开学校向汤师母道别时,汤师母流着眼泪对徐老师只说了一句话:"这里的大门永远向你敞开,随时随地欢迎你回来。"

2012年冬,安吉县教育局组织期末巡考。副校长徐海虹作为副主考被指定到上墅私立高级中学巡考。

巡考前,徐老师所在学校的校长提醒徐老师:"我建议你巡考不要去上墅私中,因为你从他们那里辞职,上墅私中有可能会给你脸色看,到时你会觉得难堪。"但徐老师深知汤校长和汤师母的为人,觉得不会发生这样的事,坚持去上墅私中巡考。

巡考日子到了,徐海虹走进了自己曾任教过的上墅私中学校大门,在上教学楼二楼时恰巧碰到了汤师母。几年不见,徐海虹发现汤师母有点憔悴,但依然和蔼可亲。汤师母微笑着对徐海虹说:"好久不见,很想你,今天请你一起吃晚饭。"

此时的汤师母,心脏已发病多次,身体常觉虚弱,但她还是特地邀请了几位曾经在学校工作过的教师,在递铺镇河畔居一家土菜馆订了个包厢。就餐时,汤师母动情地对徐老师说:

师母

"虽然你离开我们学校了,但是我们还是朋友。你想回来,肯定欢迎你回来!"听了汤师母真挚的言语,徐海虹很感动,想不到当时自己执意辞职,汤师母对自己的情谊依然如初。望着神情倦怠的汤师母,她心里感到说不出的温暖。

第九章 病中情怀（二○一四—二○一八）

第九章 病中情愫

一

好不容易又到了学校寒假期，师生陆续回家，学校也渐渐地冷清起来，尽管郑银凤倍感全身乏力，状态不好，但内心还是放不下工作，心想只要能挺得过去，便和汤有祥一起忙到春节。

一天，郑银凤在校办公室结好财务账单，便让校司机开车把自己送到递铺镇的一家建设银行，司机另有公事开车离去了。接下来发生的事情，让郑银凤自己也预料不到。

在建设银行办完事，郑银凤要去农业银行将多余的十万元现金存掉。当她离开建设银行的大门时，突然心又开始慌了起来，以往发病时只是觉得走路乏力，但这次却感觉双脚像灌了铅一样沉重，举步维艰！

肩上背着的小卡包装着十万元现金，一张百元人民币重仅

师母

1.15 克，十万元现金重 1150 克，才 1.15 公斤，加上小卡包的重量，背在身上不到三斤。此时这三斤重量如千斤重担！从建设银行到农业银行只有 200 米左右，郑银凤走不了 50 米，就气喘心慌，必须走一段，停一停，本来只有四五分钟的路程，郑银凤艰难地走了半个多小时。后来，郑银凤看自己实在不能一人回到学校，只好打电话给校司机，将自己接回学校宿舍。

因为是春节，心脏犯病，郑银凤也没有去医院诊治，靠药物维持，整个春节假期一直处于全身无力的状态。

过了 2014 年的正月初七，学校面临开学，教职员工分期分批报到了，冷清的校园又开始热闹起来，郑银凤的心脏病伴随着忙碌的开学工作又开始发作。2 月 9 日（农历初十）是周日，汤有祥决定放下繁忙的开学工作，陪同汤师母去杭州邵逸夫医院治疗。

此次去邵逸夫医院之前，安吉的医生也曾建议让汤师母做换置心脏瓣膜手术。住院期间，郑银凤一直在思考，要不要动手术？一边是以何主任为代表的医生主张自己中西医保守治疗，一边是以心脏外科医生为代表的医生主张动手术。她还是决定多听听专家的意见再作决定。

出院回到学校后，郑银凤便私下准备了一些医院诊断的病历资料，复印了几份，分别寄到北京协和医院和上海中山医院等，希望这些大医院的专家，能提出治疗方案，最后再决定是否手术。这一切，郑银凤没有告诉汤有祥。

不久，京沪两地的医院专家都给出了回音，一致建议汤师母换置心脏瓣膜。

有了京沪两地大医院专家的建议，郑银凤便和丈夫商量："有祥，我已经把病历资料寄到外地的大医院了，现在上海的中山医院和北京的协和医院都有了回音，两家医院的专家都建议我手术治疗，我自己也想动手术算了。"

开始汤有祥也对动手术有顾虑，倾向于保守治疗。但是听了汤师母的话，心想，听大医院专家的意见这事本来应该由我去做，现在汤师母自己做了。既然大医院的专家建议动手术，汤师母自己也想动手术，便表示："如果真的要动手术，一定要挑选最好的医院。"

为此，汤有祥将动手术的医院锁定京沪两地。他四处托朋友，打听两地医院心脏外科的治疗水平，权衡再三，在医疗技术旗鼓相当的前提下，优先考虑近距离，便选择了上海中山医院。

心脏二瓣膜换置可以选择机械瓣膜或生物瓣膜。在手术前，汤有祥多次咨询专家，换哪个更好？机械瓣膜使用时间长，但必须长期服用华法林，此药副作用大，容易发生出血，如果消化系统和血液系统出现问题，用药风险会很大；生物瓣膜排异性相对较小，而且有利身体恢复，无须服用华法林，但缺点使用期限只有 10 年到 20 年。医生根据郑银凤的身体情况建议换生物瓣膜。医生的建议和郑银凤的想法不谋而合：自己

师母

　　三年来,心脏多次犯病,已消耗了不少元气,身体已大不如前,尽管生物瓣膜使用期限没有机械瓣膜长,但生物瓣膜应该更适合自己。于是,赞同医生的建议。

　　心脏瓣膜置换手术毕竟是属于大型手术,风险比较大,汤有祥和女儿们都非常重视。2014年5月16日上午,郑银凤在汤有祥和两个女儿、女婿的陪同下,开车来到上海中山医院。

　　换置心脏瓣膜手术的日子定于5月21日。上午9点,郑银凤躺在移动的急救床上,在丈夫和女儿、女婿们关切的目光下,被医护人员推进了手术室。

　　这是郑银凤平生第一次大手术,此刻躺在病床上的她并未觉得害怕,心情倒是格外平静,少了一份不安,多了一份希望,期待此次的手术能够成功,好让自己脱离多年的病痛折磨!

　　手术室里,主刀医生王金生和医护人员各司其职,手术有条不紊地进行。上麻药前,麻醉医生安慰郑银凤:"不要紧张!等麻醉醒来,手术就完成了。"几分钟后,郑银凤就进入了"睡眠"状态……

　　此刻,守护在手术室外的汤有祥和家人们,心情分外地紧张和不安,每一分钟的等待是那么漫长。三个小时过去了还未见动静,大家的心里愈发不安,不知道手术进展是否顺利。

　　手术进行了五个多小时,直到下午2点多,插满管子的郑银凤才被推出手术室,转到重症加强护理病房。

第九章 病中情愫

从手术室出来两个多小时，郑银凤从麻醉状态中开始苏醒，只觉得身上的伤口疼痛难忍。手术前郑银凤对手术抱有很大的希望，巴不得术后立刻脱离病魔，想到自己已经换了心脏瓣膜，但感觉并非想象得那样舒服，反而比术前更难受。当睁开迷糊的双眼，看见主刀医生王金生站在病床边上时，平时说话很注意分寸的郑银凤，有气无力地说道："这么难受，是不是把我的心脏瓣膜倒装了？"汤师母的话让王医生有点吃惊，但经验丰富的他很快理解了汤师母的心情，便笑着安慰说："麻药醒了，伤口是会一些疼痛，慢慢会好的，你的手术很成功，心脏瓣膜不可能倒装的。"

汤有祥和女儿、女婿们得悉汤师母的手术成功，悬在心口的石头也落下了。因为探望家属暂时不能进重症监护室，所以只能在每天下午定时探望时，才能隔着玻璃窗看几眼汤师母。

等到能进监护室探望的那一天，汤有祥迫不及待进入病房。郑银凤见到丈夫，巴不得能马上康复，但发现自己还要24小时重症监护显得不太耐烦："身上还是挺难受的。"汤有祥握住妻子的手安慰道："会好的，不要急。"

术后第六天，郑银凤被转到了普通病房。

为了让郑银凤在术后能得到更周全的照料，学智和学慧轮流照顾母亲，还从安吉请来外甥媳妇在医院看护。汤有祥更是日日陪伴在妻子的病床前。

手术后一周拆线，伤疤渐渐痊愈，但是郑银凤发现还是很

师母

难受,整个胸口像被掏空了,躺不下来,只能将床的后靠背摇起,即便睡觉也靠坐在床上。人像散了架,动弹不得。

郑银凤在上海动手术,学校许多教职员工也惦记着汤师母。住院期间,吴文伟、盛良才、钱家山、王丹、董琴、王丽芳、李航、孔静智、潘虹、汪秀莲等老师先后专程去上海医院看望汤师母。有一位学生的家长特地乘坐长途汽车赶到上海中山医院看望汤师母……看望的人们看见往日谈笑风生的汤师母,此时脸颊消瘦,由于没有精神,眼睛双闭,不想说话,只能在心中默默地祝福汤师母早日康复,重返校园。

一拨一拨来看望汤师母的人络绎不绝,但郑银凤自己一点都不知道,直到后来有了精神,才从丈夫和女儿的口中得知,心中感动不已!

这段时间,汤有祥一直陪伴在妻子的身边,女儿、女婿们因为工作原因,安吉、上海来来回回好几趟。等到差不多过了三周,医生也表示可以出院了,郑银凤赶紧让丈夫去办了出院手续。出院那天,医生特地关照汤有祥和郑银凤:"手术后,建议汤师母长期休养一段时间。"

手术前,郑银凤把有些重要的工作托付给他人,手术后,她心里一直惦记着,巴不得早点出院回到学校!

6月16日,郑银凤在汤有祥的陪同下驱车回到了安吉。

郑银凤和汤有祥的宿舍原本在学校的教学大楼内,办公室隔壁的宿舍两人已住了16年。汤有祥心想,如今汤师母动了

第九章 病中情愫

手术，继续住在学校，饮食起居不方便，请个人照顾汤师母，这地方太狭窄也住不下，相比之下，住教育集团的安吉假日酒店更好，饮食起居也更方便，有利于汤师母的术后康复。于是他和妻子商量，郑银凤权衡再三后，也同意住酒店。

住到酒店，郑银凤平躺在床上，心依然像被掏空一样，气接不上来，斜躺也难受，只能继续靠在床背上坐着睡觉。

为了让自己早点好起来，郑银凤托人在网上买了一张智能床，只要摁一下开关，就可以调节床靠背的倾斜度。

手术两个月了，但是郑银凤的元气还没有恢复，全身无力，离开床，双脚迈不开步，只能坐在轮椅上，这让郑银凤很无奈，但心里依然惦记着在术前托给行政办他人的事情。

一天，她用微弱的声音对汤有祥说："我要去学校看看，托给别人做的事怎么样？"汤有祥劝妻子说："医生建议你长期修养，等身体恢复好了再说吧。再说你现在还坐在轮椅上。"汤师母心里明白，2014年秋季，上墅私高要举行建校30周年大庆，这段时间汤校长为了自己的病，顾不上建校庆典前繁忙的准备工作，已经耽搁了一个多月，便说："为了我的病，你没法正常工作，眼看9月就要开学了，建校30周年大庆也在眼前，行政办的工作比往常要繁忙，我病了两个多月了，再不去过问，要影响接下来的工作了！"汤有祥口头上劝郑银凤恢复到差不多再说，但是心里明白妻子的倔劲，学校庆典行政工作确实很重要，但和汤师母的身体健康相比，后者更重要，可在这

个节点上多劝也没有用,去不去学校?还是让汤师母自己决定。

郑银凤牵挂工作的心情与日俱增。8月1日,汤有祥只好派车将郑银凤从酒店接到学校,坐在轮椅上的郑银凤脸色苍白,让人抬上了二楼,推进了办公室。

正是暑假期间,行政办除了负责招生工作的老师在忙碌着,其他人都放了假,那位接受汤师母托付工作的老师因为汤师母要找他,便来到了学校。郑银凤对工作要求一向十分严格,尽管发现自己不在时,那位老师的工作没有完全按照自己的要求完成,但她以一贯宽容的处事方式,一笑了之。

心脏手术后,郑银凤元气大伤,很长时间没有恢复。按正常,换置生物心脏瓣膜后,患者只要服用华法林三到六个月,之后就不需要再服用华法林了。但是让郑银凤意想不到的是,术后服了六个月的华法林,自己的房颤仍时有发生,还得继续服用。

虽然房颤不像之前那样严重,但不时地发作,消耗着郑银凤的元气,让她的身体愈发虚弱。

很快学校迎来了秋季开学的日子,离30周年校庆的日子也越来越近了,此时的郑银凤还只能站立,不能走路,仍需坐在轮椅上上班。楼梯上上下下的学生,看到坐在轮椅上的汤师母被人抬着上班,都被她带病工作的精神所感动。

为了早点离开轮椅,在酒店的房间,郑银凤自己尝试着慢慢站立，扶着桌子，开始一步、两步地锻炼……在校庆前夕，终于离开了坐了半年的轮椅，心口也不像以前那样空了，人也能躺下睡觉了。

二

2014年11月中旬，在上墅私立高级中学成立30周年庆典前，离开上墅私高已经五年的曹向阳老师接到了汤师母的电话："上墅私高成立30周年庆典活动到了，你能不能来帮忙做接待工作？""当然可以。"曹老师清楚汤师母的身体状况，在汤师母手术后，曹老师也曾前去探望。现在学校校庆事多，汤师母身体虚弱，让她到学校帮忙，便一口答应。

11月29日，学校成立30周年庆典的日子终于到了，四方宾客云集。

一早，曹老师就来到学校，看到刚离开轮椅不久，还不能多走动的汤师母，事无巨细地操劳着，曹老师便心疼地对她说："您身体才恢复，不要太劳累，有些事情您交代我来做好了。"郑银凤笑着说："请你到学校，就是让你来辛苦啦！"曹老师望着汤师母的笑脸，和汤师母相处的往事点点滴滴浮上心头。

2009年春季，曹老师和丈夫准备开家具店，不得不向汤师母提出辞职。汤师母很舍不得，在曹老师离开学校一段时间

师母

后，汤师母和汤校长还一起邀请曹老师吃饭，再次做她的思想工作，希望她回学校工作。当时曹老师开家具店的事已经定下了，所以只能婉言谢绝，并对汤师母说："只要学校需要，我可以来帮忙。"之后几年，每当新学期开始，曹老师会应汤师母之邀，到学校义务帮忙接待学生和家长。

曹老师离开学校了还乐意为上墅私高义务帮忙，源于和汤师母九年的相处。2001年，曹向阳应聘进上墅私高行政办工作，就和汤师母在一个办公室，共同工作直到离开学校。2004年，上墅私立高级中学20周年校庆时，曹老师曾经是校庆组委会成员之一，负责接待工作。在朝夕相处的九年，无论在工作上还是在生活上，汤师母的为人处事都给她留下了深刻的印象，也留下了许多的感动！

行政办公室位于上墅私高最早建造的教学大楼二层，这一层除了办公室、会议室等以外，全是教室。曹老师清楚地记得，每天早晨去行政办公室上班，汤师母早已在办公室了。作为校长夫人，她从不搞特殊化。中午，她和大家一起吃工作餐，吃不完的菜汤，还留着晚餐烧泡饭吃；穿的都是几十元一件的廉价衣服……

后来曹老师慢慢发现，汤师母最早5点多就到办公室了，一直忙到晚上10点多才拖着疲惫的身体下班，回到行政办公室边上的房间里。让曹老师感到最惊奇的是：汤师母和汤校长的宿舍竟然是一个由办公室改装的简易房间，里面只有床，连卫生设施都没有。很难想象,学校有这么多教职员工的宿舍,汤校长和汤师母居然不腾出一间给自己。

郑银凤的所作所为,让曹老师不太理解。一次和汤师母聊起为什么要住行政办附近的小房间里时,汤师母对曹老师说:"这样挺好,这个房间离教室近,早上晚上都看得到学生,半夜里有学生感冒发烧,我们知道了可以及时处理。"

郑银凤经常提醒曹老师:"几千号学生,难免会有学生和家庭出现意外变故,因此要保留好学生家长的电话,对变动的电话号码要及时更改。万一学生有什么情况,我们可以随时和他们家长的联系。"

曹向阳一位朋友的孩子转学到上墅私高职高部时需要参加会考,不料会考时忘记了时间,耽误了考试。为此孩子和家长都感到不安,不知道怎么办才好?他们找到汤师母,汤师母就让孩子先报到学习,保留学籍,到第二年再参加考试,后来这位学生顺利地学完了三年的职高课程,拿到了毕业证书。曹老师代表家长和学生感谢汤师母,汤师母说:"在不违反学校原则的基础上,给人方便是学校应该做的。"

曹老师称汤师母是"学校管理者的典范",是有"大智慧、大胸襟"的师母。曹老师说:"在一般单位,普通员工要看老板的脸色行事,而在上墅私中,我们有情绪,发点小脾气,汤师母都会用大度的胸襟包容我们。对我们来说汤师母可谓亦师亦友亦母。"

三

徐海虹在那所民办学校任副校长一晃三年就要过去了,但是她的公办教师编制仍没有落实,看到学校没有兑现对自己的承诺,徐海虹就产生了回到上墅私高的念头,但是心里有些顾虑。于是她拨通了汤师母的电话:"汤师母,学校还需不需要物理老师?需要的话我想回来。"这段时间,郑银凤的房颤复发得越来越频繁了,但接到徐海虹的电话,郑银凤打起精神回答:"你能回来最好了,我和汤校长商量一下!"

很快,徐老师就接到了汤校长的电话:"徐老师,你回来我们欢迎!学校行政管理需要人,你来正好!"

汤师母和汤校长的热情言语,让徐老师打消了顾虑。2014年秋季开学,徐海虹毅然回到了上墅私立高级中学,让徐海虹想不到的是,汤校长让她担任了上墅私高的副校长,分管教学。

后来,徐海虹从协助校长分管教学又扩展到管理教师队伍。不久,徐老师在管理教师队伍中碰到了一件棘手的事情。

普高部一位政教老师上下班都不准时,徐海虹几次找他谈话,希望他遵守学校的规章制度,准时上下班。那老师不听徐海虹的劝告,我行我素。徐海虹觉得,这位老师没有了"为人师表"的职业素养,不适合做政教员,想要解聘这位老师。那

第九章 病中情愫

老师不但不接受，还和徐海虹吵闹起来。这件事在教师队伍中引起了反响，部分教师认为徐海虹处理得太过了。徐海虹觉得自己孤立无援，内心很委屈。郁闷焦虑的徐老师向汤师母求援。郑银凤倾听了整件事的来龙去脉后，便说道："这事你做得对，我会支持你，帮助你一起处理。"郑银凤找到当初介绍政教老师到学校来工作的老师，让这位介绍老师做政教老师的思想工作，最后辞掉了那位不称职的政教老师。

郑银凤知道徐海虹因为此事心情不好引起长期失眠，便特地为徐海虹寻医问药。在郑银凤的关心下，徐老师的失眠症很快就治愈了。

后来有一段时间，徐老师的女儿身体不好，需要人照顾。徐海虹向汤师母请假，郑银凤说："孩子是最重要的。你放心去照顾女儿。学校的工作我会替你安排好。"不仅答应徐老师请假半年，还照发工资。

徐老师回到学校后才知道，在自己离开上墅私立高中的三年里，汤师母心脏一直不好，常常住院治疗，还动了心脏大手术。对离开三年的徐老师来说，这一切她都不知情，而汤师母也从来没有和徐老师提起自己生病经历，总是打起精神出现在师生的面前。当徐老师得知汤师母动了大手术，还这样关心自己，她非常感动。在徐老师的心中："汤师母是大姐、母亲、心理辅导老师，像亲人一样关心自己。所以我有什么心事都愿意向汤师母倾诉。"

四

在上墅私立高级中学,郑银凤的工作没有边界也没有时间限制。

蔡启有是学校的门卫,2014年,他的儿子准备结婚,但是家里缺钱,蔡启有不得不向汤师母借五万元,让蔡启有感动的是汤师母带病将钱及时交到了自己的手里。

自从蔡启有16年前进上墅私中当门卫开始,他就得到了汤师母一次又一次帮助。

1998年,蔡启有工作了几十年的水泥厂突然关了,没了经济来源,给蔡启有的家庭生活带来了困难。经别人介绍,他到上墅私立高级中学当了门卫。一进学校的大门,蔡启有就感觉到,在上墅私中,门卫、清洁工和老师一样都受到了汤师母的尊重。郑银凤知道蔡启有家中经济比较困难,妻子没有文化,工作难找,就将她也安排进学校搞卫生。

郑银凤觉得门卫要24小时值班,工作辛苦,学校应关心他们的饮食起居。郑银凤为了节约,有时中午自带泡饭不吃工作餐,但不忘门卫等勤杂工的工作餐,还提醒送饭菜的员工:"我的一份不要,但不要忘了门卫的盒饭!"还经常将朋友送给她的时令蔬菜送给门卫师傅吃。

有的学生点外卖,快递小哥进校园送快餐,门卫按照学校的规章制度不让进,发生争吵。郑银凤知道后,亲自到传达室,支持门卫工作。

蔡启有有胃病,胃出血住院时,郑银凤几次到医院看望。得到郑银凤关怀的不只是蔡启有一位门卫,其他的门卫同样感受到汤师母对他们的好,平时,郑银凤只要路过传达室,就会主动打招呼,慰问门卫:"你们辛苦了!"虽然只是短短的一句话,却充满了对门卫的尊重和关心,让大家很受感动!

蔡启有说:"汤师母对我们这么好,我们要为学校负责。"学校几乎年年搞基建,一车车的建筑材料拉进学校,门卫师傅都自觉指挥,认真负责记录,让汤校长、汤师母省心。

2015年重阳节,汤有祥和郑银凤(前排右三、右四)与退休老教师到安吉大石浪秋游

师母

　　2016年的秋天,学校清洁工魏双喜因糖尿病住进了天子湖镇医院。郑银凤在校总务处得知了魏双喜因病请假的消息,由于自己身体不好,她就让汤校长去看望魏双喜。

　　在医院的魏双喜接到了汤师母打来的电话:"双喜啊,听说你住院了,本来我要来看你,但是因为心脏不好,所以由汤校长来看你。"

　　挂掉电话不久,汤校长就带着水果出现在魏双喜的病床前,还递上学校的慰问金。汤校长说:"双喜,本来汤师母也要来看你的,她身体不好,我来了。我和汤师母希望你安心养病,早日康复。"魏双喜一直担心自己不能上班影响到学校的清洁卫生工作,想不到汤校长和汤师母为了让自己安心养病,亲自来医院探望,感动得眼泪流了出来。

　　魏双喜是天子湖镇良朋村人,1996年,上墅私立高级中学在建新校时,他就在基建工地做小工。由于人勤奋老实,2001年,汤有祥和郑银凤把37岁的魏双喜招聘到学校,担任职教部的清洁工。双喜的母亲长期生病,父亲也年逾七旬,妻子因患有关节炎,不能从事繁重的体力劳动。母亲过世后,家里仅有的积蓄也因母亲的病都花光了。2008年,儿子魏守杭初中毕业后面临辍学。有一次,郑银凤从门卫蔡启有口中得知魏双喜的儿子无钱上高中的事,便主动找到魏双喜说:"你让你儿子魏守杭到我们学校职高部上学,学校为你儿子减免一半学杂费。"这让魏双喜感到十分意外,听完汤师母的话,他简直不敢相信自己的耳朵,儿子三年学杂费本来需要两万多元,现在只要出一万元多元,心里对汤师母、汤校长说不出的感激!

于是,魏守杭进了职高日语班学习,2011年高考成绩揭晓,高出分数线100分,完全可以升入高等职业学院继续学习,但是魏守航喜欢厨艺,职高毕业后,就进了递铺一家餐馆当学徒。如今魏守杭已是一名技术不错的厨师,月薪达一万元。这让魏双喜十分欣慰,他说,是汤师母、汤校长改变了他儿子的命运。

自从进上墅私中当上了一名清洁工,魏双喜深深地感受到汤师母和汤校长把他当家人一样看待,处处为他着想,希望魏双喜一家能早点脱贫。每逢县民政局和总工会等部门出台救济贫困家庭的政策,郑银凤都会在第一时间找到魏双喜,将他家里的困难情况填表上报,让魏双喜能得到救济。几年下来,魏双喜都能得到救济款。为了增加魏双喜的收入,郑银凤还让他晚上管理教室的空调、风扇、电灯;夜自修结束后,汤校长还带魏双喜一起在校园巡夜;汤校长开会,让魏双喜到会场打扫卫生,会议间隙休息,汤校长还把魏双喜介绍给外地的与会者。对大家说:"这位魏师傅人很勤奋,工作很踏实。我们很信赖魏师傅。"这让魏双喜深受感动。

魏师傅说:"我在上墅私中当清洁工,得到汤师母、汤校长的关怀数也数不清,平时汤师母经常给我送吃、送穿,自己糖尿病复发请假住院,也从来不扣自己的工资。"

师母

有一次,魏双喜接到汤师母的电话:"双喜啊,学校的安全做得怎么样?你帮忙多用点心,我现在和汤校长都在日本,打长途电话很贵,所以不多说了,一切拜托你了。"

郑银凤和汤有祥都不在学校时,让郑银凤最放不下心的是学校师生的安全。在郑银凤的眼里,"以校为家"的只有双喜。虽然双喜只是一名清洁工,但是常随汤校长参与夜巡工作,晚上教学楼的灯都是他帮助关的。郑银凤在外,心里放不下学校师生的安全,就要打电话给双喜,让他早晚巡视一下学校的安全。魏双喜想不到汤师母在国外还打电话给自己,足以证明对自己的信任,自然在思想上对学校的安全多上一根弦,心想,我绝不能辜负汤师母和汤校长对自己的信任啊!

这一切,都让曾经有自卑感的魏师傅深深感到汤师母和汤校长对自己的尊重,这对魏师傅来说是弥足珍贵的,也让他更加努力工作。担心自己身体不好住院影响学校的日常工作,一旦糖尿病复发,魏师傅会尽量选择学校放假的时间去住院。

五

学校大了,工作岗位也多了,难免有亲朋好友求告汤校长和汤师母在学校谋个工作岗位。

郑必胜和郑昱是郑银凤的侄子,安永超是郑银凤的外甥,他们三人都分别进学校做水电工十多年了。进学校工作后,郑银凤先后对他们说:"现在这个社会,竞争激烈,年轻人要融入社会要多学习,多考几个证,技多不压身!"还对安永超说:"写好字是一个人立足社会的根本之一,你的字写得太差了,平时要加强练习。"作为学校水电工,他们三人都听从姑妈(姨妈)的教诲,利用业余时间学习,先后拿到了电梯安全管理员证、消防员证。所以在学校,他们一职多能,成为后勤管理的多面手。

有一次,学校配电房到厂里进电线,有两种电线可以选择:50元1米的铝芯线和270元1米的铜芯线。郑必胜觉得,按照学校用电负荷计算,50元1米的铝芯线也够用了,便将准备到厂里进货的事对姑妈——郑银凤说了:"铝芯线每米价格不到铜芯线的五分之一,按照学校用电负荷,买铝芯线可以了。"但是郑银凤觉得,学校的安全要放在第一位,于是她向郑必胜解释:"在师生安全问题上,省不得钱。铜芯线的安全系数高,使用寿命比铝芯线长,还是买铜芯线吧。"

有时学校突然断电,难免会直接打电话给汤校长。汤校长让郑必胜他们抢修,有时也要处理换掉老化电线的事。汤有祥和郑银凤商量,买什么电线好?郑银凤关照汤有祥一定要买高负荷配置的电线。理由是,学校用电量上上下下起伏很大,有时空调电灯一起开,负荷一下子上去了;更让学校难以控制的是,学生常常在宿舍里自己接插座,方便电脑、手机等电器充电,更有少数学生时有违反学校用电安全的规定,擅自使用电

饭煲、电水壶等大功率的电器,防不胜防,如果电线负荷不够会断电,除影响到正常的教学秩序和学生们的生活外,很有可能酿成火灾大事故!所以换电线不能省钱,必须买负荷高的电线。当然郑银凤主张换负荷高的电线的同时,还是要继续加强对学生用电安全的教育,以及对学生宿舍用电安全的监管。

郑娇是郑必胜的胞妹,2015年她进入上墅教育集团下属的白水湾驾校工作,兄妹俩都是郑银凤大哥郑相根的子女。郑必胜先进邮电所做临时工,在邮电所值班,由于年轻,猴子屁股——坐不住。郑银凤就教育他,男孩子喜动不喜静,你要改掉急躁脾气,学会耐心,在值班时,不知道什么时候就有人上门寄信、寄包裹或者打电话、发电报,所以不能擅自离开岗位。关照郑必胜,在接待客户时,无论干部还是群众要一视同仁、童叟无欺。郑银凤凭借自己的经验,向郑必胜传授如何将文字翻译成数字,手把手教他怎么发电报。后来郑必胜曾离开邮电所工作,去其他单位工作了十多年。

郑必胜离开邮电所后,妹妹郑娇进上墅乡邮电所,接了哥哥的班。

郑娇很乖巧,所以郑银凤一直很喜欢这位侄女,将郑娇看成是自己的女儿。在工作和生活上,郑娇都得到姑姑无微不至的帮助和关怀。在朝夕相处的日子里,郑娇亲眼目睹姑姑的工作作风,为处理安装电线杆时和村民发生的纠纷,姑姑不辞辛劳进深山妥善解决;在值班时,她和声细语接待上门的客户,提供满意的服务；八小时外，姑姑还协助姑父办学，艰苦创业……在郑娇的眼里，姑姑很完美，不仅是女强人，还是一个有情趣的女人。郑娇觉得，姑姑的强不是外表的强，而是内心的强大和工作能力的强。尽管有工作和办校双重压力，但姑姑很乐观，平时空闲时，会唱唱越剧和歌曲。"姑姑喜欢唱，而且唱得很好听"。郑娇说："姑姑是我的偶像，我是她的粉丝。"所以在邮电所时，郑娇努力向姑姑学习，钻研业务，尽心尽职为乡民服务。

尽管郑娇很乖巧，郑银凤也宠爱郑娇，但郑娇一进驾校，郑银凤还是关照她："驾校不像过去的邮电所，邮电所人少，驾校人多，我也不常和你在一起，虽然我对你也很信任，但在别人眼里我毕竟是你的姑姑，所以你一定要谦虚谨慎，处理好和同事的关系，用能力和实际成绩来说话。"

离开邮电所后，郑娇考了会计证，曾在其他单位担任过出纳。在驾校负责办公室工作，对郑娇来说是一项全新的工作。于是，郑银凤依据自己多年在学校行政办工作的经验，叮嘱郑娇："办公室工作比较杂，什么事情都要做，其中档案管理很重要。驾校之前没人专职做这方面的工作，所有的资料都没有归类存放。你进驾校后，要把这块工作补起来。每个学员一进驾校就要建立档案，所以你要学会档案收集、整理编号、分类归类等基础工作。"郑娇在姑姑的指导下，一边学习一边实践，将原来驾校比较凌乱的财务发票、学员资料、基建项目和设备

资料等,分门别类,整理成册,形成检索目录,有序摆放。

在整理档案时,郑娇在查看财务发票时,发现她进驾校之前的两年,汽油成本出现了亏损,一年最多达四万多元,而且至今没有采取措施止损。她依据发票,分析亏损的原因主要是出在管理上,原有的规定已经成为管理漏洞:驾校是 2012 年 10 月正式招生,当时就规定,一个教练一辆车一个月给予 3000 元的油费补助。办校头两年,由于学员多,按照每位学员考出一本驾照补 75 公升油费 500 元计算,这样的规定还算符合实际。那时,平均每辆车一个月考出的驾照都能达到六本左右,这样全年的油费成本核算不会亏损。但是两年后,学员渐渐减少,少数教练一个月的 3000 元油费只考出四五本驾照,其余的汽油被教练员私下用掉了。郑娇发现约有四分之一的教练员平均每辆车每月考出的驾照少于 6 本,造成了驾校成本的增加,油费超标最多的教练一年可达 7000 多元。郑娇认为早期的规定,已经不符合当下的实际了,必须要调整。

于是,郑娇向驾校校长建议了"教练员用油新规定":每位教练员在教的学员,每考出一本驾照,核定给予汽油费 500 元,多考一本驾照就多补 500 元,以此类推。如果学员一次考试没有通过,当月油费只能补助 300 元,直到学员考出驾照,才给教练员补足 200 元尾款。不然超出部分由教练员自己掏腰包。校长欣然同意郑娇的建议。新措施一实行,马上止住了油费亏损的现象。

郑娇出色的业务管理能力，汤师母和汤校长看在眼里，记在心里，加深了对侄女的信任。后来老校长因故离开驾校，汤有祥就让郑娇来掌管驾校。

郑银凤在工作和生活中无意透露的人格魅力也影响着他们的"三观"。

作为在同一个单位工作的亲戚，如何处理好工作原则和亲戚人情的关系？郑银凤曾经对郑必胜、郑娇、郑昱、安永超都分别说过这样的话："我们工作上是员工，下班后是亲戚。"郑银凤在工作上严格要求他们，在专业技术上指点他们，在生活上关心他们。郑银凤自己身体不好，但是当她得知郑娇身体有病，比自己生病还在意，为郑娇寻医问药。每年春节，作为长辈，郑银凤邀请他们一起聚餐欢度佳节。在他们四人眼里，这位姑妈（姨妈）不仅公私分明而且很有人情味，是值得自己尊敬的长辈。

六

郑银凤手术后，自己身体很虚弱，但她依然关心着师生，关注着社会上的弱势群体……

2014年秋季，江苏省张家港的钱辉同学来到上墅私高就读日语专业，在学校读书阶段体质较弱，由于家境贫困，有些营养不良。当时还坐轮椅上班的郑银凤知道钱辉的情况后，减

免了部分学费,多次让办公室的老师买水果给钱辉同学。还嘱咐班主任细心关照他的学习和生活。

2015年7月6日,已到放暑假的日子,那天,递铺镇狂风大作,下起了瓢泼大雨,风雨中,上墅私中教师杨运栋骑电瓶车到云鸿西路时,突然被一辆汽车撞倒在地,顿时腰部疼痛难忍,冷汗也冒了出来,人摔倒在地上,无力起身,后被救护车送往安吉人民医院。

郑银凤知道杨老师出了车祸,顾不上自己随时要发作的房颤,急切地打电话给杨运栋:"杨老师你出车祸了?什么情况?严重不严重?"郑银凤还安慰杨老师:"杨老师,你不要急,腰椎手术要慎重,如果要动手术的话,学校给您联系杭州邵逸夫医院。"

汤师母的关心,让杨老师很过意不去,由于杨老师有亲戚在杭州邵逸夫医院工作,所以自己联系了邵逸夫医院动手术的事,免去了汤校长、汤师母为自己操劳。

杨老师在邵逸夫医院动了手术,一周后出院回到了家。回到递铺家里,杨老师在第一时间接到了汤师母打来的慰问电话,她询问手术后康复情况,嘱咐杨老师好好休养。当时正值汤师母心脏犯病,不能上门去看望杨老师,她便委托校工会负责人前去慰问。

在杨老师三个多月的病假期间,郑银凤交代财务,杨老师的工资按照正常上班发放。

杨老师病愈上班后，才知道汤师母术后的一年多时间里，房颤并没有停止过。在这样的身体状况下还这么关心自己，令杨老师感动不已。不久汤师母住院了，杨老师很想去医院看望汤师母，而郑银凤得知后，在电话中再三关照杨老师："你刚出院，应该好好休息，上班工作也很辛苦，你的心意我领了。千万别到医院来看望我。"

在杨老师眼里，汤师母不仅对自己关心，对其他教职员工同样关心，所以执教于上墅私高，让他心中倍感温暖，他由衷地说："汤师母付出的点点滴滴我们都看在眼里，记在心里。她的心脏病是在办学中累出来的。就拿办学资金来说，都是汤师母在筹办，打个比方，汤校长是烧火的人，汤师母就是那送柴的人！"

2015年年底，吴结霖老师的妻子被查出得了癌症。郑银凤得知后，不仅派工会到医院慰问，送上慰问金和水果，自己还拖着虚弱的身体去医院慰问吴老师的爱人。2016年春季开学，吴老师为了照顾妻子，没法上班，只好动了向学校请假的念头，和汤师母商量。郑银凤不仅让校领导准许吴老师的请假要求，而且照常发放基本工资，关照吴老师安心照顾好妻子。在吴老师照顾妻子的这段时间里，郑银凤自己的身体也不好，不能上门看望，于是常常打电话给吴老师，询问他夫人的病情。当得知吴老师因妻子病重而心情不佳时，便不止一次对吴老师说："不要担心，学校是你坚强的后盾，你的工作学校会安

师母

排好,你只要安心照顾好夫人就是。"

2016年12月,吴老师的妻子因医治无效,不幸离世。郑银凤让工会派代表到殡仪馆吊唁,慰问吴老师及其家属,这让吴结霖老师非常感动。2002年,吴老师应聘到上墅私中执教,先后在职高和普高任英语老师。一跨进校门,吴老师就得到了汤师母的关怀和帮助。那时,吴老师的妻子在家带孩子,为了解决吴老师后顾之忧,汤师母就安排吴老师妻子到学校超市工作。有一年,吴老师一家三口不回丽水老家过年。郑银凤知道后,买了米、菜油等年货上门问候。吴老师的父母亲生病,郑银凤只要自己身体允许,百忙中也要抽时间上门去看望慰问。在妻子生病的一年时间里,吴老师一直请假在家照顾妻子……这一切都让吴老师一直心存感恩,他说:"在上墅私立高中,汤师母不只是对我给予家人般的关心,对所有的教职员工的关心是一样的。所以作为一名教师,在上墅教育集团工作非常安心。"

陈霞是一位单亲妈妈。2015年,她的儿子郑意镨从丰食溪初中毕业,考入上墅私立高中职高班学习动漫专业。郑意镨爱好武术,2016年秋季,升入高二的郑意镨突然想转学去长兴清泉文武学校学习。为了儿子转学的事,陈霞想找汤师母商量,但心存担忧:不知道汤师母能不能同意?让陈霞想不到的是,郑银凤知道后,爽快地回答她:"孩子的爱好是不能约束,也不能绑架的。兴趣是孩子学习的最好老师,当然能转学!"

郑银凤补充说:"学生选择什么样的学校是一个人的权利!"郑银凤为郑意锴出具转学证明。郑意锴转入清泉武校后,通过自己的努力,被学校评为"最美清武人"。2017年他入伍海军,成为舰艇队员。陈霞说:"我儿子的成长道路上有汤师母无私的支持和大爱的帮助!"

2016年下半年,罗俊贤老师班上的朱同学因家里经济困难,不能继续就学。罗老师便根据朱同学家庭的贫困情况填了表,由学校出面申请了国家助学金。申请表必须要由学生户籍所在的乡镇领导在意见栏里面填写其家庭情况是否属实,想不到乡政府的经办人在意见栏里写了"不属于低保贫困家庭",结果朱同学没有申请成功。

原来朱同学家里以前经济状况尚可,但是后来他的母亲生了大病,借了很多钱,因病致贫。其实,朱同学到上墅私中上学的学费也是借的。估计乡里没有了解到朱同学家里近期发生的变故。罗老师把朱同学的特殊情况告诉了汤师母。郑银凤不假思索地说:"既然国家助学金没有申请下来,那么学校每个学期减免他部分费用。"

不久,罗老师班上的陈同学家里发生变故,陈同学的父亲因患胆管癌,医治无效于2018年7月撒手人寰。半年多的抗癌治疗,使原本并不富裕的农村家庭雪上加霜。眼看秋季入学时间到了,陈同学交不起费用,便发微信告诉罗老师,因家里的困难无法继续上学。罗老师心想,陈同学品学兼优,是一位

师母

很有前途的学生,如果辍学,那真是太可惜了。作为班主任,有责任告诉汤师母。郑银凤听完罗老师的讲述后,深表同情,就说:"罗老师你叫她一定要来上学,绝对不要辍学。经济上的困难,我来帮她。要怎么帮,罗老师说了算,我听你罗老师的。"在郑银凤的帮助下,陈同学得以继续在校安心学习。

2018年秋季,一位来自长兴泗安农村的高三在读学生得了白血病,需要治疗费50万元,因家庭经济困难,难以支付昂贵的医药费。班主任老师向郑银凤报告了这位学生的困难情况。郑银凤立刻让学校领导发动师生捐款,筹集了13万元委托班主任和工会主席送到家长手里,并告诉家长:让孩子在家好好养病,学业不要担心,争取早日康复,重返校园。后面治疗费用上有困难和学校沟通商量。家长收到捐款,听到学校暖人肺腑的话语,含着眼泪说:"感谢!感谢!"

住院时,郑银凤在病床上除了要接听学校的工作电话外,精神好时,也看看手机上的信息。有一次,郑银凤偶然从微信中了解到公众号"水滴筹"。看到许多爱心人士伸出援手,捐款救助大病中的白血病儿童患者。作为多年为安吉县抗癌协会献爱心的郑银凤,马上有了要捐助白血病儿童的想法。几年下来,已在"水滴筹"上捐助200多位白血病儿童。郑银凤说:"自己生了大病后,更体会到贫困家庭因大病带来的困难,尤其是白血病儿童患者的家庭,多一个健康儿童,就多一份家庭希望。"

七

跨入 2018 年,英语教师纪小华来上墅私中执教已有 21 年了。

1997 年五一劳动节期间,纪小华从江西赣州来到上墅私立高级中学应聘,经过面试,被顺利地录用了。纪老师回想起当时与汤校长、汤师母签订合同时的情景,至今仍历历在目。让他印象最为深刻的是汤师母对他说的一句话:"你的教学功底获得了我们教务主任和英语老师的认可。只要你在这儿好好工作,安心工作,将来你的夫人也可以到这儿来工作。我希望你在上墅私高一直工作到退休。"这番话深深印在纪老师的脑海。

初进上墅私中时,纪老师没有很在意养老保险和医疗保险。郑银凤发现后,便提醒纪老师说:"你怎么不办理保险啊?"还给纪老师讲了这两大保险的重要性。郑银凤让纪老师回到江西赣州原单位去续缴养老保险和医疗保险,凭发票回到上墅私中财务科报账。

"两大保险关系到个人的切身利益,汤师母把我的事当作自己的事。"这件事又一次感动了纪小华。

纪老师进上墅私中第三年,儿子刚刚 28 个月大。妻子为了照顾孩子,从儿子出生后,就放弃了财务工作,成为了"全职太太"。整个家庭的日常开销全靠纪老师一个人工作的收入

维持,经济捉襟见肘。郑银凤了解到纪老师的实际困难后,没有忘记当时在签合同时对纪老师的承诺,主动找到纪老师,建议纪老师的妻子暂时到学校的文印室上班,既能赚些薪水贴补家用,又能顺便照顾孩子。在郑银凤的关心和帮助下,纪老师的妻子有了一份稳定的收入,孩子也得到了妥善的照顾。郑银凤的"雪中送炭",让纪老师度过了生活上的一道坎。

纪老师的故乡在江西,由于路途遥远,加上春运高峰一票难求,所以每年的春节,纪老师一家都在学校度过。最让纪老师难以忘怀的是在上墅私中执教的 21 年里,每年临近除夕,正当"独在异乡为异客"的思绪涌上心头之时,汤师母或汤

2018 年冬,安师同学会聚会,汤有祥(第二排左五)的同学向郑银凤(前排左四)献花并合影

校长就会亲自上门，送来大米、水果等慰问品，致以节日的问候。还关切地询问在学校过年有没有困难？汤师母和汤校长贴心的关怀冲淡了纪老师思乡之愁。

自从有了郑银凤的提醒，纪老师的养老保险和医疗保险21年都没有断过。再过几年，纪老师就可以退休了，纪老师说："羊有跪乳之恩，鸟有反哺之义。汤师母的人文关怀，让我感到上墅私中就像自己的家，在这个大家庭里，充满了人情的温暖。这让我也心怀感恩，用努力工作来回报学校，回报社会。"

八

心脏瓣膜换置手术已过去了三年，房颤时有发生，身体很难回到从前，但郑银凤没有放弃康复身体的希望。为了加快康复速度，从2017年春天开始，每天早上，郑银凤在床上做一个多小时的锻炼。

郑银凤坚持自我锻炼的目的，就是希望能正常上班，为汤校长多分担一点工作。虽然时下还不能正常上班，但郑银凤并没有放弃学校的工作，尤其是学校需要她的时候，她会尽量出现在大家的面前。

2017年暑假前夕，中午就餐时分，郑银凤走进高中部食堂，看见熙熙攘攘的学生们排队在窗台前打饭买菜，个子矮一

师母

点的同学踮起脚尖在张望菜肴。郑银凤凑近一看,发现由于打饭的窗口台面板太高,而里面放菜的桌子太低,个子矮一点的同学视线会被台面挡住,看不到里面桌子上的菜肴。而卖菜的师傅万一不小心,盛菜后拿到窗口台面上,很容易磕碰到台面。"这食堂也造了22年,1999年还进行了改造,为什么没有发现这个问题啊?"郑银凤边看边责怪自己。

郑银凤找来卷尺,量了一下台面的高度,约有一米高,放菜肴的桌子高70厘米,和学生取饭菜的台面相差30厘米,难怪买菜的学生看不到桌子上的菜肴。

"我在高中部食堂发现打饭台面板太高了,应该要改造。"郑银凤对汤有祥说。汤有祥觉得这事不算大事,可以将就将就,便回答:"台面高低对学生打饭菜影响不大,再说食堂造了20多年了,也没有听到学生的反映,就不要改动了。"郑银凤说:"学生打饭看不到里面的菜肴,怎么挑选?我看这事不能将就,台面起码降低20厘米。"汤有祥想:"汤师母爱生如子,一向注重学生学习和生活环境的舒适度,学生虽然没有反映,但不等于问题不存在,我应该支持才对!"便同意了汤师母改造食堂的建议。

郑银凤趁暑假期间,安排施工队伍,对食堂的打饭台面进行改造,趁机会将原本八个打饭的窗口改成九个,并对食堂的卫生设施进行了改造,共花了50多万元。改造后的食堂更方便、更安全、更卫生了。

2018年暑假期间，为建造大学部10号楼学生宿舍，施工部门搭起了脚手架，郑必胜等电工发现脚手架和校园围墙内架网线的电线杆距离很近，电线杆虽然是电信部门拉网线竖的，但是移动、联通等网络公司的网线也从这个电线杆子上走。觉得电线杆和网线影响了学校的基建，不是很妥当。于是郑必胜等电工将情况告诉了汤师母，希望汤师母到现场看看。

郑银凤随即来到现场，看到多家公司的网络线都从围墙外悬挂到围墙内的电线杆上，呈不同弧度的抛物线悬挂在那里，显得很凌乱，不仅影响了学校的基建，既不安全也不美观。觉得这电线杆子应移到围墙外，通到学校的网线要走暗管。

邮电和电信原本是一家，郑银凤凭着从邮电退休老职工的身份，打电话给电信公司领导，讲述了电信杆子移位的缘由，并说："我是电信的老员工，希望你们能同意。"电信公司觉得郑银凤的要求合情合理，不仅同意将电线杆子移到围墙外，而且同意再横向移动四米，远离10号宿舍楼，网络线从电线杆子处转为地下暗管进入校园。

电信公司同意后，郑银凤又分别找移动等其他网络公司，希望他们和电信公司一样布线。所有的网络公司在学校都有业务，他们也不会轻易失去自己在上墅教育集团的市场，对于汤师母的要求，都给予了同意的答复，并授权给学校，由学校电

工改变布线路径。

很快,电信公司到现场施工,经学校电工的配合,悬挂在围墙处七零八落的网络线不见了,消除了影响基建工程的隐患,改观了视觉上的凌乱。

第十章 青山依旧（二〇一九—二〇二三）

第十章 青山依旧

一

九年来,郑银凤因心脏不好住院十几次,但是学校的绝大部分教职员工其实并不清楚汤师母的身体情况,所以他们习惯有事就找汤师母,这样汤师母的电话就从未停过。郑银凤自己也并未因为生病,就完全不接听学校的电话。她准备了两个手机,一个手机号码完全对外公开,另一个手机的号码只有汤校长等少数人知道,病重时只好关掉对外公开的手机,而另一个手机总是开着,学校有些急事、大事她还是关心着。

2019年4月13日一早,有老师电话向汤师母反映,学校超市里在卖过期面包,有一款面包保质期截至"4月12日",可4月13日还在卖。郑银凤当机立断,在电话中说:"麻烦你赶紧通知超市,下架过期的面包。我马上就去超市。"

虽然这段时间双脚走路还是很沉重,但对郑银凤来说,这件事必须亲自去处理。

师母

  上墅教育集团有高中部和大学部各一个超市，反映问题的是高中部的超市。郑银凤走进超市，发现过期的面包已经下架了，便对超市负责人说："平时你们要经常检查一下食品包装袋上的保质期，食品进来之前，原来的食品还没有卖完，更要检查一下，尤其一些休闲食品都是小包装，堆放在一起，新的小包装食品进来放在旧的小包装食品上面，下面的食品没有及时卖完，就不太容易发现食品已经过期。"然后打电话对经销商说："食品卫生关系到学生的健康，这是大事，千万不能马虎，最近县教育局和卫生局联合发了文件，要加强学校超市商品的货源管理，要求学校创建品牌超市，所以校园的超市是坚决不允许卖过期商品的，你们经销商控制严谨，生产商提供商品也会严谨。"针对超市存在卖过期食品的隐患，郑银凤和超市负责人分析问题存在的症结，在经销商和超市两个环节上防患于未然。

  在郑银凤看来，学校就是夫妇俩的另外意义上的"孩子"，多年来，用心血和汗水养育她，倾注了自己的一切，那割舍不去的情感早已融入自己的血液之中。郑银凤养成了习惯，有时间就要到校园走走，越来越美的教学环境让她感到说不出的喜悦；到工地看看，施工的进度让她释怀；进宿舍查查，有没有存在的隐患需要消除……心脏动手术后，身体大不如前，房颤时有发生，有时影响到走路，但是郑银凤这个习惯并没有改变。

之前，郑银凤曾接到学生的反映，宿舍上下铺的钢管床时间长了，不是很牢固，所以她一直放在心上。晚饭后，趁自己身体还可以，她要去高中部的学生宿舍8号楼去看看。她走进女学生的房间，看到一位身体结实的女学生正从上铺下来，发现整个床有晃动的迹象。郑银凤仔细察看了上下铺的钢管，看到钢管有的地方焊接有点裂缝了。8号楼和9号楼原本是宇翔职业技术学院学生的宿舍楼，建造距今也有十五六年了，学生的床已经老化，存在安全隐患，而且钢管床没有实木床牢固，郑银凤便萌生要换掉这些钢管床的念头。

高中部宿舍5号楼原来是"7"字形的6层楼，初建规划是用作高中国际班教室。早在四年前（2015年）郑银凤就认为，从学校的发展来看，高中部的教室数量够了，再多也是浪费，反而学生的宿舍偏少，便向汤校长建议改为学生宿舍。当时校领导班子对5号楼要不要改成宿舍进行了讨论，大家都支持原来的规划，汤校长就没有采纳汤师母的建议。四年后，高中国际班也没有办起来，整幢5号楼都没有利用起来，反而宿舍不够用。2019年暑假，汤有祥决定将5号楼重新装修改建成有200多个房间的宿舍楼。大家这才明白，汤师母四年前的建议是多么有远见。

后来，5号宿舍楼添置设备，郑银凤便向汤有祥建议："有祥，我去学生宿舍8号楼看过了，钢管床不安全，以后要换掉，现在新宿舍就不要再买钢管床了。我算了一下，一副上下

铺的钢管床只要 900 多元,而一副同样结构的实木床要 2500 多元,虽然每副多出 1600 多元,从安全的角度,还是实木床比较好。"汤师母又向汤校长仔细算了一笔账,她说:"按照每间宿舍住六位学生放四副床算,220 间共添置 880 副床,每副床 2500 多元,880 副实木床共需 220 万元。按照钢管床过去的价格,多花了 140 万元,但是随着钢管床的涨价,实木床和钢管床的差价在逐渐缩小,目前去买实木床看上去钱多花了,但从长远的观点看,差价不会很大,也许价格差不多。再说实木床更安全,是很划算的。"对于改善学生的生活设施,汤校长也舍得花钱,于是赞同汤师母的建议——5 号楼宿舍全部购置实木床。

学生逐年增加,2019 年春季,新造的大学部 10 号宿舍楼 240 间宿舍也要添置设备,同样购置了实木床。2021 年春季,郑银凤又建议汤有祥将高中部 8 号、9 号宿舍楼的钢管床全部换掉,同时对宿舍柜子、卫生间等设施进行更新。为了保证秋季开学前两幢宿舍楼设施更新能按时完成,郑银凤提出,6 月上旬高考结束后,高三学生的宿舍可以提前改造更新,以减轻两幢宿舍楼设施改造带来的时间压力。这两幢宿舍楼共有 324 个房间在暑假期间按时完成改造,设施改造花去近 1300 万元。秋季开学,当高二和高三的学生走进自己的房间时,大家都认不出这是自己原来住的宿舍,整个房间焕然一新:钢管床换成了实木床,放东西的柜子也换成了新的实木柜子,卫生间的洗脸盆、抽水马桶都是簇新的。大家心里感到暖暖的，喜笑颜开地各自整理起自己的床铺。

二

换了心脏瓣膜后，心跳紊乱、胸闷气短、眩晕等房颤症状仍不时折磨着郑银凤，有时实在扛不住了，她就去医院住院，治疗一段时间。

汤有祥很忙，看到妻子身体大不如前心里也很难过，考虑到妻子身体常有突发状况，自己工作忙，不可能时时陪在妻子身边，为防不测，便和汤师母商量，找一个人陪护。郑银凤也觉得自己发病时，身边没有人帮把手，确实很无奈，也就同意了汤校长，在酒店员工中找了陈晓芳临时来陪护。

陈晓芳的母亲黄菊珍是郑银凤和汤有祥的婚姻介绍人。陈晓芳虽然小郑银凤一辈，但也已于2017年从上墅乡信用社退休。陈晓芳退休后，汤师母让她到酒店工作。陈晓芳从小就认识郑银凤，习惯称郑银凤为小郑阿姨，到酒店工作后，称郑银凤为汤师母。

2020年秋季开学不久，郑银凤自觉没有力气，呈现出病恹恹的感觉。9月13日，汤有祥陪同郑银凤去杭州浙二院体检中心做体检。量血压的时候，医生发现血压机不动，第二次再量血压计还是没有反应，医生以为是血压计出了故障，于是让汤有祥测量血压,结果发现血压计能正常工作。看来郑银凤测不到血压不是血压计的问题,而是郑银凤身体出现了状况。这时医生发现郑银凤已经不能起立,两眼紧闭,翻开郑银凤的眼皮,没有一点血色。体检中心的医生见郑银凤状况危急,立即用救护车将郑银凤送到浙二医院抢救,经检查郑银凤的血色素已不到5克,是消化道出血所致,有生命危险。医生责备汤有祥:"贫血已经这么严重了,你们家属怎么不知道!"

经医生抢救,输了血,郑银凤有所好转,便又转到了普通病房。想不到第二天下午医院下班时分,郑银凤又晕了过去,医生当时已下班回家,病房里只有一个护士。情急之中,护士判断郑银凤是因为血液流通受阻,赶紧在郑银凤的脚底下抽出了一管血,这才让郑银凤渐渐苏醒过来。接着赶来的医生又把郑银凤送到了抢救室。

在抢救室,郑银凤身体状况渐渐趋于稳定,三天后,汤有祥看着妻子没有大碍,因学校有事,回到安吉学校,晚上托付陈晓芳陪护。

汤师母虽然输了血,但是还是处于贫血状态,身体极度虚弱,晚上解手,不能上卫生间,需要有人用痰盂接。陈晓芳知道汤师母的为人,怕麻烦别人。之前在安吉住院,陈晓芳有过陪护汤师母的经历,有一次汤师母半夜起来解手,发现陈晓芳睡得沉,不想麻烦陈晓芳,便自己艰难地一步一步移向卫生间。陈晓芳知道后十分过意不去。打这以后,需要晚上陪护汤师母时,陈晓芳就会告诫自己,别睡得那么沉!并不止一次对汤师母说:"汤师母,你不要不好意思,半夜有事一定要叫醒我哦!"

一般心脏病患者换置心脏生物瓣膜后就不需要服用华法林,由于郑银凤手术后还是房颤,为了防止血栓,医生建议郑银凤继续服用华法林。但是让郑银凤想不到的是,在服用华法林的五年中,已先后造成了三次肠道出血,前两次出血是偶然在大便时看到发现的,自己感觉没有什么特别不舒服的症状,所以也没有在意,这是第三次出血,也是最严重的一次。

药物是双刃剑。郑银凤如果不吃华法林,血管要堵塞;吃了华法林,身体又要出血,这让郑银凤很为难。后来医生建议郑银凤停掉华法林,改吃另一种抗血栓副作用小一点的进口药——泰毕全。

在浙二医院郑银凤虽然输了血,但是还处于贫血状态,医生又给郑银凤输了血。13天后的9月25日,医院准许郑银凤出院。

虽然在浙二医院输了两次血,郑银凤的血色素还是只有7克,回到安吉后,为了恢复得快一点,在安吉人民医院,郑银凤又输了第三次血。

三

2021年一放暑假，郑银凤房颤又复发了，心脏越来越不舒服，在汤有祥的陪同下，她又一次住进了安吉人民医院。

郑银凤常常问自己，心脏瓣膜也换了，自己还每日在床上按摩做保健操，怎么身体没有明显好转？汤有祥和女儿们都很着急，大家分头想办法寻医问药。

学慧的女儿曾在澳洲留学，她的一位同学的父亲是山东一家医院的心内科专家，汤有祥便让孙女将奶奶的病历通过微信传给这位专家，咨询治疗方案。那同学的父亲查阅后，建议汤师母到上海市胸科医院就诊，并将上海专家的联系方式告诉了汤有祥。

去上海就诊前，汤有祥和上海市胸科医院的专家进行了预约。8月15日下午，郑银凤在汤有祥、学慧的陪同下，走进了上海胸科医院，挂了急诊。当时正处新冠疫情流行期间，负责接待的胸外科专家刘旭博士先让郑银凤做了核酸，确认阴性后，立马安排郑银凤做了体检。检查结果，郑银凤的心脏要做心脏射频消融微创手术，手术定于第二天进行。

虽说是微创手术，汤有祥还是不放心，专门约见刘博士，仔细咨询手术后的效果。刘博士安慰说："我已经做了三万多例射频消融微创手术，百分之九十以上都康复了。你夫人的手术包在我身上，你放心好了。"

听了刘博士的话，汤有祥心里的担忧也减轻了，便对郑银凤说："你放心好了，我已经问过刘博士了，手术成功率很高。"

16日上午手术前，医生又给郑银凤做了检查，手术定在下午进行。

由于郑银凤动过心脏大手术，所以对这次微创手术，心里没什么压力，汤有祥和女儿们也不像之前那么紧张。

下午两点，郑银凤被推进手术室。手术无须全身麻醉，只要在穿刺部位应用局部麻药，在郑银凤完全清醒的状态下进行手术治疗。

手术进行了两个多小时，郑银凤就被送到病房。术后，郑银凤自觉除了有些不适感觉外，没有很严重的疼痛症状。最让她感到不适的是为了防止穿刺的创口出血，需要用两个四五斤重的沙袋分别压在穿刺处，由于沙袋压迫时间至少要八小时，所以双脚不能挪动，这让人有点难熬。

一般病人在做了射频消融手术后，三天就可以出院，由于郑银凤身体实在太虚弱了，所以在医院多待了一天，19日出了院。

出院回家后，郑银凤晚上睡觉时，感觉和换置心脏瓣膜术后一样，不能平卧。上次换置瓣膜手术后，胸口像被掏空了，一躺下就感觉人没有了气，这次胸口虽然没有掏空的感觉，但是平卧时气还是接不上来，得继续将床靠背的斜度调至50度

手术后，正在康复中的郑银凤

（摄于 2021 年 9 月 7 日）

左右，几乎是坐着睡觉。靠在床背上，郑银凤心里思忖：上次手术后不能平卧的时间有六个月，这次不知道要多长时间才能躺下睡觉？

　　射频消融手术前，郑银凤偶尔在自己需要时找陈晓芳来照顾自己。射频消融手术后，汤师母身体还是很虚弱，怕病情有变化，把陈晓芳的临时陪护改为长期陪护。虽说陈晓芳长期陪护汤师母,但一旦碰到酒店有酒宴或会议接待,人手不够时,郑银凤就让陈晓芳去酒店帮忙。郑银凤觉得酒店工作和陪护自己两者相比,酒店工作更重要一些。

一段时间后,郑银凤试着将靠背一点一点慢慢放低,房颤正在渐渐消失,人除了感到乏力外,身体比之前好多了。由于乏力,跨台阶上楼梯还是不行,学校有事,郑银凤就让陈晓芳陪同去学校上班,上办公室二楼,还是需要老师帮忙,用轮椅抬上二楼。

抬轮椅的年轻男老师有两位,抬上楼虽然不到三分钟,对

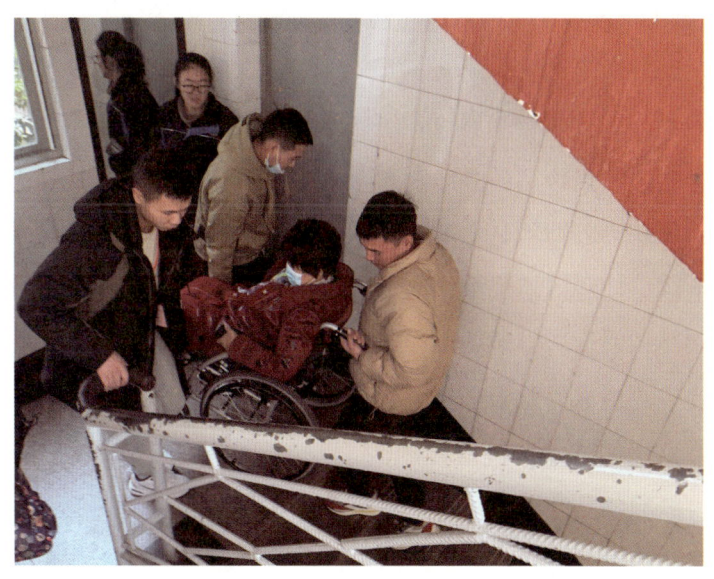

2021年12月31日,郑银凤去办公室二楼,还是需要他人帮忙,用轮椅抬上楼梯

师母

老师的工作并没有影响,但汤师母觉得自己上下楼要麻烦他人,心里非常内疚。陈晓芳常常听到汤师母一人私下嘀咕:"为什么还要人帮我抬上楼?这样麻烦老师真过意不去啊!什么时候能自己一人上楼?"

有一次,郑银凤和陈晓芳一起来到学校,上楼梯一时叫不到老师帮助抬轮椅,晓芳提议找身高体壮的男学生帮忙,郑银凤连忙制止:"让学生抬千万不可以!不可以!"

到了2022年春节,射频消融手术过了五个月,郑银凤终于可以平卧了,比上次术后恢复少了1个月。可以躺下睡觉了,但郑银凤的脸色还是苍白,四肢无力的状况并没有得到改变。

大年初二吃过晚饭后,在房间的郑银凤一阵恶心,就吐出了刚吃下的食物,但呕吐并未停止,吐完了食物,又吐出了鲜血。这让一旁的汤有祥又紧张起来,立即将郑银凤送往安吉人民医院。让郑银凤想不到的是,医生诊断结果,泰毕全虽然副作用小,但这次出血还是因服用泰毕全引起,于是,医生不得不建议郑银凤停服泰毕全。

这次住院后,抗血栓的药不吃了,改服倍他乐克和螺内酯,欣慰的是郑银凤房颤没有复发。

虽然郑银凤摆脱了房颤的折磨,也消除了肠胃出血的隐患,但毕竟多年顽疾缠身,造成气血两亏,人畏寒、气短、乏力,康复的速度很慢。为了让妻子早日康复,汤有祥为郑银凤

第十章 青山依旧

寻医问药的脚步并未停止。

安吉中医馆的方医师是上墅人，原来在上墅卫生院工作，郑银凤年轻时也曾经吃过方医师开的中药。有一天，汤有祥碰到方医师，说起了妻子射频消融后，身体还是很虚弱，走路气短，跨不了台阶，上不了楼梯。方医师认为，汤师母不能单靠吃药康复，应该适当运动，建议先多散散步，从一个两个台阶开始进行锻炼。汤有祥就将方医师的建议告诉了妻子。

春节期间因疫情影响，几乎没有住酒店的客人，酒店很冷清。郑银凤遵照方医师的话，除了坚持在晨起后，床上按摩锻炼一个小时外，晚饭后，便一人试着在酒店门口散步。

不能跨楼梯是郑银凤生活中最大的障碍，酒店大堂前有五个台阶，每个台阶的落差不大，郑银凤在散步的同时，就利用这五个台阶，进行锻炼，今天试着走一个台阶，上去下来，看看能行，接下来试着走两个、三个……

郑银凤慢慢发现自己走路比之前轻松了，可以走五个台阶了。于是她对走楼梯开始有了信心！

整个寒假，郑银凤都在积极地做着康复锻炼。

很快，2022年春季开学的日子到了，学生们陆续报到，寂静的校园又开始洋溢着青春的活力。郑银凤的精神渐渐好转，胃口有了，人也有了力气，精气神自然好了许多，便想到了学校已经开学，让陈晓芳陪着自己去学校上班。

这是新年伊始郑银凤第一次到学校上班。走进教学大楼要

上楼梯时,汤师母见陈晓芳要去拿轮椅请老师过来帮忙,便立马对陈晓芳说:"今天让我试试,能不能一人上楼?"

有了寒假坚持不懈的锻炼,能不能走上二楼郑银凤心中是有数的。她不让陈晓芳搀扶,自己一只手摸着楼梯的扶手,慢慢地走上台阶,速度并不快,但是顺利地走上了二楼。郑银凤高兴地说:"小芳,我可以一人上楼了。"

看到汤师母并未出现气喘不适的样子,陈晓芳也高兴地说:"太好了!汤师母你终于可以自己上楼了!"

独立上楼梯的经历,让郑银凤摆脱了对轮椅五个月的依赖,对回归办公室工作有了信心。以防学校有事找自己,郑银凤的两个手机又都处在待机状态,电话自然又多了起来。

"汤师母,招生计划已经下来了,我们老师还都在上课,希望尽快把招生老师的课程排掉。"这是盛良才老师的电话。郑银凤马上回答:"我马上和汤校长沟通。"和汤校长沟通后,郑银凤又马上打电话给教务主任杨运栋老师,让杨老师安排好招生老师的课程。

有关学校工作的电话几乎每天有好几个。郑银凤手机响起的频率居高不下,但每次接到电话,郑银凤的精气神似乎又回到了从前,她认真处理电话中的每一件事。如果有必要,她还会亲自赴现场解决,或者去办公室处理。

四

2022年春，一幢高15层，占地面积2895平方米、建筑面积33990平方米的宇翔职业技术学院教学综合大楼拔地而起，大楼面对校园北大门的云鸿西路。这是安吉县最高的教学楼。

康复中的郑银凤兴致勃勃地走到大楼前，看到工程进展很快，喜上心头，她仰望着高耸的楼层，17年前发生在北大门围墙边的一件往事浮现在她的眼前。

一天，郑银凤乘车路过云鸿西路，看到宇翔外国语学院北大门的围墙边有挖土车在挖土，这让郑银凤警觉起来，立即下车走到施工现场，和气地问道："你们在这里挖土做什么工程呀？"施工的说："竖高压线电线杆。"郑银凤一下子紧张起来，心想：虽然高压电线杆竖立在学校的围墙外，但围墙有好几百米长，如果50米竖一个，至少有四五个电线杆紧挨着校园。她想起了汤有祥曾对自己说过，靠近北大门的一块地，以后要规划建大学综合教学大楼，这高压线架在围墙外，不仅影响教学大楼的美观，而且也影响以后教学大楼的施工，高压线近在咫尺，施工的脚手架搭起来就非常危险，而且施工用的工程车都很高大，从高压线下进出也不安全。郑银凤觉得高压线的电线杆和铁塔是不能架在学校的围墙外，更不能对着将来要建造的大学综合教学大楼，于是马上就说："你们在学校围墙外架设

高压线,这不安全,希望你们停止施工!"施工者心想,这个人有什么资格命令我们?便强硬地回答:"是电力局的领导叫我们来施工的,我们得听领导的话。""这学校是我们办的,你们领导没有征求过学校的意见,所以必须停工。如果你们不停工,我就不走。"施工者听郑银凤说学校是他们办的,而且口气很强硬,便放下作业工具,离开了现场。

郑银凤立刻和汤有祥讲了这件事,汤有祥一听,这不是小事,必须立即制止在校园围墙外施工,如果高压线架起来了,再去制止难度就大了。于是,通过各种途径想方设法向湖州市电力局的领导反映了情况,希望电力部门能考虑学校的安全,将高压线改道。市电力局和安吉县电力局进行了沟通,同意将高压线改道,终于将高压线电线杆移到了马路对面的人行道上,保证了后来综合教学大楼施工的顺利进行。

这座综合教学大楼建成后,为宇翔职业技术学院教科研所用。郑银凤仰望着即将封顶的伟岸大楼,再转过身看看马路对面竖立的高压电线杆和铁塔,心里倍感欣慰!

随着身体的好转,从 2022 春天开始,郑银凤的工作节奏似乎回到了生病之前。

春夏之交,正在学校忙碌的郑银凤接到了安吉电视台的电话,为了反映新中国第一所私立高级中学的办学事迹,电视台记者要去上墅乡拍摄初创的上墅私立高级中学。

上墅私立高级中学 1995 年搬迁到递铺后,27 年来,校舍一直静静地端坐在这方水土上，它不仅见证了汤校长和汤师母艰苦办学的经历，这也是新中国民办教学发展的历史遗存，所以夫妇俩对初创的校舍情感颇深，分外珍惜。对上墅乡来说，上墅私立高中是当地的骄傲。为此，夫妇俩到了递铺新校后，便请上墅镇上的人照看，希望将来能将这所空置的学校建成新中国第一所私立高级中学的校史纪念馆。

2019年12月郑银凤和汤有祥在上墅旧校门前合影，门右围墙镶嵌的黑色大理石校名——"浙江省安吉上墅私立高级中学"——为1991年11月，时任民进中央主席的雷洁琼所题

　　汤师母接到电视台拍摄的电话自然很高兴，根据电视台的要求，还原二十世纪八九十年代的教学场景。郑银凤和电视台通完电话后，亲自去了趟上墅，请管理人员打开校门，搞搞卫生，看看有没有缺少还原当时教学模样的设施。果然，教室里

已经少了当年的课桌椅。回到递铺后,郑银凤又请货车司机去白水湾驾校,将存放在那里八九十年代的课桌椅搬运到上墅学校的教室,然后派学校老师,到上墅将课桌椅安放在教室里。"教室课桌椅放好后,拍个照片让我看看。"郑银凤在电话中对摆放课桌椅的教师说。

五

逢年过节,汤有祥和郑银凤都很关心学校教职员工的福利,汤校长没有时间安排,大多是郑银凤在张罗。学校春节发的年货、端午发的粽子、中秋发的月饼等等,每个节日夫妇俩都不会落下。知情人都知道,郑银凤对教职员工、对他人很慷慨,而自己的衣食住行都十分节俭。

在学校上班的时候,郑银凤中午常常带一些剩菜剩饭热热吃,这是习以为常的事。凡是在酒店请客人吃饭,如有剩菜,哪怕是几片菜叶,郑银凤也倒在小碗里,留到明天早上煮面条吃。有朋友看到汤师母身体不好,就劝汤师母不要吃隔夜菜,隔夜菜或多或少都有亚硝酸盐,再说剩菜也不值几个钱,还是扔掉算了。郑银凤听了笑笑,还是我行我素。

郑银凤自从搬进了安吉假日酒店生活后,吃剩菜的习惯没有改变。酒店每天早上都有自助餐,为住宿的客人提供的早餐品种丰富多样,郑银凤是酒店董事长,完全可以自己享用自助餐，或者请服务人员将自己需要的早点送到房间，但郑银凤和汤有祥从未这样做过，郑银凤还是常常用前一天的剩菜做面条或泡饭吃，哪怕卧床不起，也是请陈晓芳在房间自己安排饮食。

2021年11月的一天，郑银凤在房间拿出两件旧衣，让陈晓芳陪同去递铺三里亭男左女右缝纫店，请师傅改一下，一条裤子改腰，一条上衣换领。陈晓芳看看汤师母手中的旧衣服，款式和料子都一般，心想："这样的衣服如果是我早就扔了，汤师母太节俭了。"

两人来到缝纫店，陈晓芳发现有两件好看别致的衣服挂在店堂里，一条红色印花，一条绿色印花，款式是当季（秋冬）穿的夹袄长大衣，便对汤师母说道："汤师母这两件大衣好看，很适合你。"那老板娘听到陈晓芳的话后说："这两件大衣是汤校长为汤师母定做的。"

陈晓芳听罢感到非常震惊，看到汤师母只是微微一笑："哎呀，汤校长没有和我说起，该是给我一个惊喜吧！"

其实郑银凤心里知道，结婚以来自己的衣服都是汤有祥买的。汤有祥买衣做衣的事，对郑银凤来说已经习以为常。

大凡女人都有兴趣逛街购物，喜欢给自己买衣服、买化妆品，郑银凤实属例外。她不喜欢逛街，从不给自己买衣服，也不给自己买化妆品。只是在两个女儿幼年时，郑银凤曾到上墅村的布店扯几块布料，请裁缝师傅做几件新衣。后来孩子长大

师母

了,郑银凤的衣服都由汤有祥操办,护肤品也是女儿们买的。

相反,汤有祥喜欢逛街、逛服装店。其实,逛街、逛服装店,是汤有祥在健身走路中衍生出来的。

由于工作忙,没时间健身,汤有祥便忙里偷闲,把走路作为自己健身的一种方式。除了清晨5点起床,洗好澡后,5点10分从国际假日酒店步行到学校,6点前到达学校。晚饭后,在马路两边的人行道上散步(有时快走),尤其夏季,走得快一些就出汗,热得不行了,商场便是纳凉的好去处。进入商场,汤有祥会去看看服装,首先是到女装部看看有没有适合郑银凤的服装。有适合的,他会一下子买上好几件。有时自己相中了,但不知道汤师母喜欢不喜欢?汤有祥就会抽时间拉上汤师母,去商店看看,如果汤师母中意,就买下。

汤有祥为妻子买衣服最多的一次是他去北京开会。会后他去王府井散步,走进服装店,一下子为郑银凤买了11件春秋和夏季穿的衣服。11件衣服总共才1000多元。汤校长为汤师母买衣服,其实是表达自己对妻子的爱。郑银凤心里也很清楚,所以一般对汤校长买来的衣服只说好,从不会说不好。这样大大鼓励了汤有祥为郑银凤买衣的积极性。

汤有祥除了为妻子买衣服,有时还到服装厂为妻子量身定做。2014年,汤有祥陪妻子在上海动完心脏手术回安吉后,就给妻子到服装厂定做了大衣。多年买衣做衣,郑银凤衣服的尺寸大小,汤有祥心里很清楚,所以不需要郑银凤自己去裁缝店量尺寸。这样瞒着妻子偷偷做衣服，汤有祥有过好多次，目的是给妻子一个惊喜。

郑银凤看到衣柜里的衣服越来越多，便提醒汤有祥："衣服够多了，你再买再做就穿不完了。""有些不合身的衣服，就该扔掉了。"汤有祥这样说。但是郑银凤总是舍不得把旧衣服扔

2023年7月，汤校长和师母在山东曲阜孔庙参观学习

掉,她觉得这些旧衣服有自己身上的温度,看到它们就会想起工作和生活中的点点滴滴。在上墅乡的居室里,至今还挂着当年她穿的四季衣服,虽然这些衣服早已不穿,也蒙上了灰尘,但郑银凤还是舍不得丢掉。倒是有些新衣、新包,郑银凤觉得自己用不着,实在多余,长期放在柜子里不用也是浪费,她不让汤有祥知道,就悄悄送给了需要的亲朋好友。

办学 38 年,遭受了一场又一场的风雨,面临过一次又一次的坎坷,为战胜风雨,跨越坎坷,夫妇俩风雨同舟,患难与共。

经历了风雨,懂得了彼此,既是相濡以沫的夫妻,也是工作上的完美搭档,彼此懂得,彼此珍惜。

汤校长身体一直很健康,但是近年体检出来血糖偏高。每次两人一起就餐,郑银凤会提醒丈夫:"你饭少吃一点,菜多吃一点。"碰到有朋友送好吃的给自己,郑银凤总要留给汤有祥品尝。

深夜,明月高照,床灯相伴,郑银凤想到:2024 年,将是上墅私立高中创建 40 周年,也是自己和汤有祥金婚 50 周年。回忆长达半个世纪的婚姻,郑银凤最难忘的是创办学校的艰辛经历。郑银凤和汤有祥说起,两人都感慨万千,更觉得要珍惜当下每一天。对夫妇两人来说,最大的愿望是希望对方康健、平安。

2022 年 5 月中旬的一天,汤有祥在微信里,给妻子发了一条保养身体的帖子。5月20日是网络情人节，在这个属于年轻人浪漫的日子里，这对年逾七旬夫妇身上也演绎了浪漫的一幕，那天，汤师母在微信中向汤校长发了"我爱你"！

2022年春夏，继黄胜平、王凤良编著的《追踪孔子的平民教育家——汤有祥创办新中国第一所私立高级中学的故事》后，江苏省吴越文化研究院、无锡吴越经济社会发展研究所编著的《孔子教育思想的当代传承与创新》也已问世，两书均由新华出版社出版，这是对新中国第一所私立高级中学及创办人汤有祥的高度肯定，让郑银凤感到自豪，也激励夫妇俩在古稀之年砥砺奋进。

一天晚上，汤有祥对郑银凤说："眼看3.4万平方米的浙江宇翔综合教学大楼和2.6万平方米的宇翔大学生452间公寓大楼的落成，新建1.5万平方米的浙江宇翔产、学、研实训基地也已完成，想到你我也是古稀之年了，本来想松一口气，但是办教育已经融入了我们两人的生命，趁现在还能干得动，我想在2024建校40周年之前，再做两项工程：一、新建宇翔职业技术学院产、学、研科研中心；二、拟建高中120间教室的新大楼和11层综合大楼。不知道汤师母有什么想法？"虽然这两个工程只是一个设想，但郑银凤知道丈夫的性格，要么不说，如果说出口，是一定要去做的。但是郑银凤还是向丈夫说出了自己的心里话："有祥啊，第二项建高中新大楼和综合大楼我赞成，但是前面一项我是有顾虑的，原因是资金压力和土地落实

的压力都很大。"郑银凤清楚,一旦项目要落实,首先要资金落实,而融资这一块,非自己莫属。而土地的审批过程也是很麻烦的事,加上社会上的种种不理解所带来的阻力。

  对于妻子的顾虑,汤有祥也在意料之中,他也知道,虽然汤师母对"新建宇翔职业技术学院产、学、研科研中心"不是很赞成,但是只要自己下定决心去做,汤师母一定会为自己做坚强的后盾!

后记

2014年开始,汤校长和我说过多次要为汤师母写传记,希望我能帮忙。当时我心存疑惑,汤有祥作为新中国第一所私立高级中学创办人,不写他个人的传记,怎么要写夫人郑银凤的传记?难道郑银凤的一生会有什么不寻常的故事?在汤校长的多次要求之下,我请湖州市作家协会的一位朋友牵线,由一知名作家来写郑银凤的传记,但可惜事情没有后续。

2016年春节后,我在澳洲旅游,接到了汤校长打来的电话,说:"我们商量过了,决定请你写汤师母的传记。"

我在湖州日报工作初期任文教卫记者。1984年春,上墅私立农职学校(上墅私立高级中学的前身)在山沟沟一诞生,就得到了湖州日报的关注和支持,我有幸参与了采访。几十年下来,报社的同行都成为了汤校长的朋友。

汤校长让我写其夫人郑银凤的传记,我起初并不答应。原因有很多：一、传记虽是纪实性的作品，但也具有文学性，文学创作不是我擅长的领域。二、汤师母是一位普通的女性，没有好的素材怎么能成书？……所以迟迟未应允。

在澳洲接到电话后，我告诉汤校长，我现在还返聘在报社工作，等我尽快结束返聘后再说。

2017年秋，我结束返聘，答应了汤校长和汤师母的邀约，去了一趟学校。一见面，汤校长就说，提及新中国第一所私立高级中学，无论是社会上还是新闻界，都只知道创办人汤有祥，不知道背后默默支撑他办学的夫人郑银凤，可以说，没有汤师母的辅助，学校他办不起来，即便办起来了，管理学校也是一大问题。记录汤师母的人生，也是补充完善上墅私中办学历史的需要。

后来在我和汤师母交谈中才知道，她并不愿意给自己写传记，觉得太高调，不符合她做人行事的原则。后来汤校长从记录学校发展史的角度，做了她的工作，汤师母才勉强答应。

之前，我去学校采访，和汤师母最多只是打一个照面而已，对她并不了解。因此，我和汤校长、汤师母就传记事宜进行了商谈，表达了我在素材收集和写作上的顾虑，强调了我的写作原则："讲究真实，喜欢追根问底，不会妙笔生花……"汤校长和汤师母表示一定积极配合我。他们的理解，让我打消了一些顾虑。

作为记者，在职业生涯中，接触过形形色色的人物，碰到过各种困难的采访,所以对这次写传记的采访,心理上也有所准备。

但是想不到,采访极其困难。

翻阅学校汇集的《媒体聚焦新中国第一所私立高级中学——新闻报道选编(1984—2014)》,在全国大小媒体100篇报道中,只有一篇报道中有一段写到因汤校长倾囊办学,1986年除夕,全家辛酸过年的场景,在200字左右的叙述中提到汤师母。记得在二十世纪九十年代初,我去安吉上墅乡采访汤校长,撞见汤师母和汤校长为建校舍,正在搬运木材。我抢拍了一张搬木材的照片。除此之外,汤师母个人没有任何文字资料和图片可以参考。传记素材采集只能"一锅冷水涉底烧"。2018年11月14日,拉开了采访汤师母的序幕。

采访断断续续。

汤师母心脏手术后康复不理想,一直在带病坚持工作。汤校长忙,她也忙,其中开学和学期结束更甚,加上汤师母常常发病,所以采访不能如愿进行。

采访持续了一年多,我先后开车去安吉20多次,受访者80余人,其中有郑银凤的亲朋好友、上墅乡政府昔日领导、邮电所老同事、学校教职员工等等,有个别采访,也有多人座谈采访;还先后去半山村、章里村、白水湾乡、上墅乡等地寻找汤师母成长、生活、工作的足迹……汤师母的故事常常撞击着我的心,让我震惊、让我感动……

随着一次又一次地深入采访，郑银凤的形象慢慢立体起来：她内心强大，但柔情似水；她慈善、睿智、宽容，但眼中很难容下沙子；她既是一位普通的女性，同时也是一位有创造力的新时代的职业女性！

我将采访素材三万余字进行整理，发现由于时光的流逝，包括汤师母和汤校长在内的所有受访者所提供的素材，大部分回忆不起当年完整的事和人，素材是粗糙的，还有部分素材是雷同的，要完成一部传记的素材，可用的素材嫌少不嫌多。

而我却是一个较真的人。2020年动笔开始写时，碰到时间、人物、地点以及细节需要进一步核实时，我便停下写作，打电话给汤师母核实。

开始我忽略了汤师母是一位有病之人，常常短时间内要打好几个电话。而汤师母尽管身体不好，也会打起精神接，每次总是耐心接听。对我的问题，一时难于回答的，汤师母便搁下电话，查找资料或找他人核对，再回复我。后来，当我知道汤师母住院时才发觉，这样频繁打电话给汤师母不是很妥，便停止了打电话核实细节的做法，决定只要汤师母身体许可，汤校长工作许可，就隔段时间开车去安吉。而面对面和汤师母或汤校长核对素材细节时，汤师母的手机也会不时响起，采访中三分之一的时间都在接电话。汤校长更忙，接电话更频繁，采访几乎不能正常进行。但让我高兴的是，在这样的采访中，汤师母会不经意说出新的线索，让我顺藤摸瓜，一点一滴，去尽量丰富传记的素材。

新冠疫情爆发之后,写作节奏更慢了。

客观是无奈的,好在汤师母和汤校长善解人意,他们尽量满足我在采写中的要求。

大多传记书名以人名为多,在写作开始不久,我就在考虑取怎样的书名?很快,我的思考定格在"师母"——两字上面。

在汤校长1984年办学时,郑银凤已经36岁了,1984年到1998年的14年中,郑银凤供职邮电所,业余时间辅助办学;1998年郑银凤50岁退休,全力辅助汤校长办学。到2024年,郑银凤辅助丈夫办学40年,而且还在进行之中。天下以校长夫人著称的师母有很多,而直接参与办学的却凤毛麟角,郑银凤便是这样一位不寻常的师母!"师母"虽是一个敬称,但对郑银凤而言,不仅仅是她在家庭生活中的角色,更体现出她对创办新中国第一所私立高中的责任和担当。我觉得唯有《师母》是最恰如其分的书名。

直到2022年的夏天,《师母》的写作总算接近尾声。

《师母》的成书,我要感谢章启茂先生,他不仅是我进报社当记者的引路人,也是最早支持上墅私中的媒体人。上墅私中创办时,章先生是湖州日报社政文部主任,我是政文部记者,在上墅私中初创困难时期,章先生亲自或指派政文部记者多次去上墅乡采访,上墅私中和湖州日报因章先生结缘。开始我没有信心去写传记，是章先生鼓励我，让我答应汤校长的要求。在写作伊始，无论提纲和第一章《山村雏凤》，我都让章先生过目指教。写作近尾声时，我让汤校长将传记打印出来，首先给章先生审阅，并请他为传记写《序》。我觉得，此书的《序》非章先生莫属。

传记是属于纪实和文学类作品，对擅长写纪实的我来说，算是一大挑战。《师母》虽已完稿，但自感此书欠缺不少。最明显的不足是罗列事实，文笔稚嫩，文气欠畅。章先生虽然在《序》中对传记给予了肯定，对不足之处点到即止，但我心里明白自己的写作水平，在此只能向读者表示歉意！

注意到自己文学创作上的短板，所以在写《师母》时尽量扬长避短，以讲究真实性来弥补文学性的不足，所以每记录一个事实，我都要和当事人进行核对，以免差错。譬如在采访中，有部分教师用书面的形式向我提供了他们和汤师母交往中的故事，我在写作时不仅电话核对细节，而且写好后，分别发给他们进行审阅，尽量不出差错。在此，我要感谢学校的教职员工以及所有受访者，因为有你们的帮助和支持，才保证了此书的真实性。

书中所记述的汤师母在背后默默支撑汤校长办学的故事，不仅外界鲜为人知，连汤校长自己也并非完全清楚，所以，此书某种意义上是抢救性地记录了新中国第一所私立高级中学近40年办学的部分史料，也基本完成了汤校长的初衷："记录汤师母的人生，也是补充完善上墅私中办学历史的需要。"

此书出版，喜逢新中国第一所私立高级中学创办四十周年华诞来临，如要回眸其每一步成长的脚印，在《师母》中可以找到一些佐证，这样，《师母》成书的意义不只是郑银凤个人的人生记录。作为我，也应以为此书的作者而欣慰。

汤建驰记于湖城潘公桥畔寓室

2024年春